Anna Colella

# Italienisch
# Übungen für zwischendurch

Hueber Verlag

Coverphoto: © Getty Images/iStock/ckarlie
Illustrationen: Martin Guhl, Stein am Rhein, Schweiz (www.cartoonexpress.ch)

*Grazie a tutta la mia famiglia per l'appoggio.*

Dieses Werk ersetzt die ISBN 978-3-19-007912-4 (Power-Wortschatz Italienisch).



5. 4. 3. | Die letzten Ziffern
2028 27 26 25 24 | bezeichnen Zahl und Jahr des Druckes
Alle Drucke dieser Auflage können, da unverändert, nebeneinander benutzt werden.
1. Auflage

Umschlaggestaltung: Sieveking Agentur, München
Layout und Satz: Sieveking Agentur, München
Verlagsredaktion: Stephanie Pfeiffer, Hueber Verlag, München
Druck und Bindung: Friedrich Pustet GmbH & Co. KG, Regensburg
Printed in Germany
ISBN 978-3-19-207912-2

Art. 530_25037_001_03

## Vorwort

*Übungen für zwischendurch* hält, was der Titel verspricht. Das Buch bietet 130 kompakte Übungen (verteilt auf 13 Kapitel), die man zwischendurch zum Lernen einschieben kann: im Bus, im Wartezimmer, im Café oder wann immer sich ein kleines Zeitfenster dafür ergibt. Dabei werden grammatische Strukturen und Wortschatz gefestigt oder aufgefrischt und sicherlich hin und wieder ganz neu entdeckt.

Beachten Sie, dass es tatsächlich nicht sinnvoll ist, möglichst viele Übungen auf einmal zu machen. Cleverer und hirngerechter lernen Sie, wenn Sie häppchenweise üben, statt stundenlang zu pauken. Aus diesem Grund ist jede Übung eine kurze, in sich geschlossene Einheit: Lernen Sie besser täglich, aber dafür in überschaubaren Portionen. Die lockere Ansprache und die vielfältigen Übungsformen lassen dabei keine Langeweile aufkommen.

Die Themenbereiche (Substantive, Adjektive, Verben, ...), die in *Übungen für zwischendurch* behandelt werden, finden Sie auf den Seiten 4 bis 6 überblicksartig dargestellt. Im Inhaltsverzeichnis nach Kapiteln ab Seite 7 sehen Sie zu Ihrer besseren Orientierung neben jedem Übungstitel auch die Angabe der jeweiligen Niveaustufe (A1 = Anfänger, A2 = Grundkenntnisse oder B1 = fortgeschrittene Kenntnisse).

Jede Übung eröffnet mit einer knappen Einleitung zum jeweiligen Thema. Mit Hilfe von Beispielsätzen werden Besonderheiten und Problemfälle erläutert. Anschließend folgt eine praxisbezogene Übung. Dabei wird besonderer Wert auf eine realistische Sprachwahl gelegt. Eine auf die jeweilige Übung bezogene Vokabelliste schließt jede Einheit ab.

*Übungen für zwischendurch* bietet außerdem eine große Vielfalt an Übungstypologien: Zuordnungsübungen, Lückentexte, Multiple Choice, Übersetzungen, Satzrekonstruktionen, Kreuzworträtsel.

Selbstverständlich befinden sich am Ende des Buches zu allen Übungen auch die entsprechenden Lösungen sowie ein alphabetisches Wortregister.

Die Autorin und die Redaktion wünschen Ihnen mit viel Spaß und Erfolg mit den *Übungen für zwischendurch*!

Buon divertimento!

# Inhalt nach Themen

Die Zahlenangaben beziehen sich auf die durchnummerierten Übungen.

# Inhalt nach Kapiteln

Seite

Seite

Seite

**Kapitel 13**

# 1

## 1 *'O sole mio!* Substantive auf *-e*: männlich oder weiblich?

Die Substantive auf *-e* können sowohl männlichen als auch weiblichen Geschlechts (Genus) sein. Es ist reine Lernsache zu wissen, ob ein Substantiv auf *-e* männlich oder weiblich ist. Achtung: Der Gebrauch des Genus stimmt im Italienischen und im Deutschen oft nicht überein. Ein Beispiel:

– *Sole* ist im Italienischen männlich, also *il sole*.
– Die deutsche Entsprechung „Sonne" ist hingegen weiblich, also „die Sonne".

In der folgenden Übung begegnen Ihnen einige dieser Unterschiede.

**Männlich oder weiblich? Im Kasten – waagerecht bzw. senkrecht – sind 24 italienische Substantive versteckt. Finden und ordnen Sie sie den deutschen Entsprechungen zu. Setzen Sie dann den jeweils zugehörigen männlichen oder weiblichen bestimmten Artikel davor.**

| | | | | | | | | | | | | | | | | | | | |
|---|---|---|---|---|---|---|---|---|---|---|---|---|---|---|---|---|---|---|---|
| P | I | A | C | E | R | E | S | C | T | E | L | E | V | I | S | I | O | N | E |
| O | P | V | O | L | A | R | P | O | L | V | E | R | E | N | A | P | O | L | P |
| N | T | O | R | R | E | B | A | L | U | F | U | R | T | E | P | I | E | D | E |
| T | O | G | N | E | V | E | C | O | C | A | R | N | E | M | O | S | I | R | L |
| E | S | L | I | M | O | N | E | R | E | M | G | I | O | R | N | A | L | E | L |
| O | S | I | C | F | I | O | R | E | U | E | L | A | T | T | E | U | M | A | E |
| P | E | K | E | P | E | S | C | E | O | F | I | N | R | T | F | I | U | M | E |
| S | T | A | G | I | O | N | E | P | A | R | C | H | I | A | V | E | B | I | S |

| | | | |
|---|---|---|---|
| ________ | der Turm | ________ | der Schnee |
| ________ | der Schlüssel | ________ | das Fernsehen |
| ________ | die Brücke | ________ | der Fluss |
| ________ | der Husten | ________ | die Zeitung |
| ________ | die Blume | ________ | der Staub |
| ________ | die Haut | ________ | die Seife |
| ________ | die Milch | ________ | der Fuß |
| ________ | die Jahreszeit | *il piacere* | die Freude |
| ________ | der Rahmen | ________ | der Frieden |
| ________ | der Fisch | ________ | die Zitrone |
| ________ | das Licht | ________ | das Fleisch |
| ________ | der Hunger | ________ | die Farbe |

**Wenn Sie die Übung richtig lösen, finden Sie fünf Substantive, die im Italienischen und im Deutschen dasselbe Geschlecht aufweisen. Welche? Markieren Sie sie.**

## 2 Größenwahn: „groß", „klein", „alt" und „jung"

Je nach Kontext kennt das Italienische für die Adjektive „groß", „klein", „alt" und „jung" verschiedene Wörter. „Groß" und „klein" heißen nicht unbedingt immer *grande* und *piccolo*, „alt" und „jung" nicht nur *vecchio* und *giovane*.

**Vervollständigen Sie die Sätze mit den unten stehenden Adjektiven und geben Sie auf der rechten Seite die dazu passende deutsche Übersetzung an.**

piccolo ~~alto~~ vecchio grande maiuscola piccola spiccioli
anziane giovani antico giovanile bassa minuscola

a Vittorio è *alto* ______ un metro e novanta. | *groß*

b I miei nonni vivono in una ______ casa a due piani, in campagna. | ______

c Al liceo classico si studiano latino e greco ______ . | ______

d In tedesco tutti i sostantivi si scrivono con la lettera ______ , in italiano in genere si scrivono con la lettera ______ . | ______ | ______

e I miei genitori si sono sposati a 20 anni. Erano molto ______ e innamoratissimi! | ______

f Io vivo da solo in un ______ appartamento in centro. | ______

g Mi potresti prendere le tazze lassù sullo scaffale? Io sono troppo ______ , non ci arrivo! | ______

h Dora ha settanta anni, ma ha ancora un aspetto molto ______ . | ______

i Allora, facciamo una __________ pausa e poi continuiamo la lezione.

j Mi dispiace, non Le posso dare il resto, non ho soldi __________ .

k Bisogna avere rispetto per le persone __________ .

l Ti dovresti comprare un cappotto nuovo, questo si è fatto __________ !

**Welche italienischen Entsprechungen gibt es also für „groß“, „klein“, „alt“ und „jung“?**

| | |
|---|---|
| **i nonni** | die Großeltern |
| **a due piani** | zweistöckig |
| **la campagna** | das Land |
| **il liceo classico** | das humanistische Gymnasium |
| **la lettera** | *hier* der Buchstabe |
| **in genere** | im Allgemeinen |
| **si sono sposati** | (sie) haben geheiratet |
| **erano** | (sie) waren |
| **innamoratissimo** | sehr verliebt |
| **lassù** | da oben |
| **lo scaffale** | das Regal |
| **arrivarci** | *hier* hinkommen |
| **avere un aspetto** | aussehen |
| **continuare** | weitermachen |
| **bisogna** | man muss |
| **il cappotto** | der Mantel |
| **si è fatto** | *hier* (er) ist geworden |

## 3 „Bitte, bitte": Wann sagt man *prego*, wann *per piacere*?

*Prego* benutzt man:
- als Antwort auf „Danke",
- als Aufforderung, z. B. jemanden hereinzulassen, etwas anzunehmen oder zu erlauben,
- als Bitte, eine Aussage zu wiederholen, die man nicht verstanden hat.

*Per piacere / Per favore / Per cortesia* benutzt man:
- wenn man etwas verlangt,
- wenn man um eine Gefälligkeit bittet.

**Setzen Sie *prego* oder *per piacere* ein.**

a Dottor Ranzi, ____________ , si accomodi!
b ____________ , desidera? – Due etti di mortadella, tagliata sottile sottile, ____________ .
c Scusi, il conto, ____________ !
d Oh, Roberto, grazie mille per l'aiuto! – ____________ , non c'è di che!
e Senta, scusi? – ____________ , dica!
f ____________ , mi sa dire quando passa l'autobus?
g Gianni, ____________ , vieni un momento qua! Mi dai una mano a spostare il tavolo?
h Ecco gli aperitivi. ____________ , servitevi pure!
i Che ore sono, ____________ ?
j ____________ ? Non ho capito.
k Per me, un caffè macchiato, ____________ .
l Mi passi il sale, ____________ ? – ____________ !
m Signori, ____________ , da questa parte!
n Bambini, ____________ , fate silenzio. La nonna sta dormendo.

| | |
|---|---|
| **accomodarsi** | Platz nehmen |
| **desiderare** | wünschen |
| **l'etto** | 100 Gramm |
| **tagliata sottile sottile** | sehr dünn geschnitten |
| **non c'è di che** | nichts zu danken |
| **passare** | *hier* kommen |

| | |
|---|---|
| **dare una mano (a)** | helfen, behilflich sein |
| **spostare** | umstellen |
| **servitevi pure** | bedient euch ruhig |
| **passare** | *hier* reichen |
| **da questa parte** | hier entlang |
| **fare silenzio** | still sein |
| **la nonna** | die Oma |
| **sta dormendo** | (sie) schläft gerade |

## 4 Immer wieder *in* und *a*!

Wie übersetzt man eigentlich *in*? Und *a*? Hier einige Möglichkeiten:

| | | **Italienisch** | **Deutsch** |
|---|---|---|---|
| *Abito **in** Italia,*<br>***a** Firenze.* | Ich wohne **in** Italien,<br>**in** Florenz. | *in / a* | in |
| *Vado **in** Italia,*<br>***a** Firenze.* | Ich fahre **nach** Italien,<br>**nach** Florenz. | *in / a* | nach |
| *Sono **a** casa.* | Ich bin **zu** Hause. | *a* | zu |

Zu Präpositionen wie *in* und *a* gibt es eine Vielzahl an Regeln. Es empfiehlt sich daher in vielen Fällen, die Präpositionen einfach zusammen mit einem Verb oder mit einem Substantiv als feststehende Ausdrücke zu lernen. Wichtig ist hier vor allem eins: üben, üben und nochmals üben.

**Verbinden Sie die linke mit der rechten Spalte zu sinnvollen Sätzen.**

| | | | |
|---|---|---|---|
| a | Da quanto tempo studi in … | 1 | treno, è più rilassante! |
| b | Non ho più soldi, devo andare in … | 2 | quadri o quella a righe? |
| c | Ho voglia di vedere un bel film. Andiamo al … | 3 | Natale faccio un bel viaggio. |
| d | Che cosa avete regalato ai … | 4 | Italia? Parli l'italiano benissimo! |
| e | Non voglio guidare. Andiamo in … | 5 | contanti. |
| f | Basta con le feste in famiglia! Quest'anno a … | 6 | nonni per le nozze d'oro? |
| g | La macchina si è rotta e quindi siamo andati a … | 7 | armadio dell'ingresso. |
| h | Le giacche sono nell'… | 8 | banca a prelevare. |
| i | Lo sai che Filippo è andato a vivere in … | 9 | casa, vado a dormire! |
| j | Mi metto la camicia a … | 10 | cinema stasera? |
| k | Sono stanchissimo! Appena arrivo a … | 11 | piedi. |
| l | Mi dispiace, qui si può pagare solo in … | 12 | Australia? Ha conosciuto una ragazza di Sydney. |

| | |
|---|---|
| **da quanto tempo** | seit wann |
| **avere voglia** | Lust haben |
| **regalare** | schenken |
| **guidare** | fahren |
| **rompersi** | kaputt gehen |
| **quindi** | also |
| **la giacca** | die Jacke |
| **mettersi** | anziehen |
| **appena** | sobald |
| **solo** | *hier* nur |
| **a righe** | gestreift |
| **il contante** | das Bargeld |
| **le nozze d'oro** | die goldene Hochzeit |
| **l'armadio** | der Schrank |
| **l'ingresso** | der Eingang |
| **prelevare** | abheben |

## 5 *In* oder *a*? Das Ringen um die Präpositionen!

**Setzen Sie die Präposition *in* oder *a* (evtl. + bestimmter Artikel) ein.**

a Sabrina e Lorenzo sono andati _______ Parigi _______ aereo.
b I miei genitori si sono conosciuti _______ 1969.
c Vado _______ palestra il mercoledì e il venerdì.
d Viviamo _______ Svizzera da dieci anni.
e A che ora vai _______ ufficio?
f I bambini sono _______ salotto, stanno guardando i cartoni animati.
g _______ estate andiamo sempre _______ mare.
h Antonio, come sempre sei _______ ritardo!
i Bambini, è ora di andare _______ letto.
j Carla, mi puoi venire _______ prendere _______ stazione?
k _______ che ora ti alzi? – Di solito _______ sette sono già _______ piedi.
l Andiamo _______ piedi o prendiamo l'autobus?
m Domani non posso andare _______ corso d'italiano.
n _______ Pasqua sono stato _______ Milano da alcuni amici.
o Avevo mal di pancia e perciò non sono andato _______ scuola.
p Guarda questa gonna _______ pois, è orribile!
q Hai restituito il libro _______ Nando?
r Mio nonno è nato _______ Ischia. – Il mio, invece, è nato _______ Stati Uniti.

| | |
|---|---|
| **conoscersi** | sich kennen lernen |
| **la palestra** | *hier* das Fitnessstudio |
| **l'ufficio** | das Büro |
| **il salotto** | das Wohnzimmer |
| **i cartoni animati** | der Zeichentrickfilm |
| **l'estate,** *f* | der Sommer |
| **il ritardo** | die Verspätung |
| **è ora** | es ist Zeit |
| **la stazione** | der Bahnhof |
| **alzarsi** | aufstehen |
| **di solito** | üblicherweise |
| **avevo mal di pancia** | ich hatte Bauchschmerzen |
| **perciò** | deshalb |
| **la gonna** | der Rock |

| | |
|---|---|
| **il pois** | der Tupfen |
| **orribile** | scheußlich |
| **restituire** | zurückgeben |
| **il nonno** | der Opa |
| **è nato (nascere)** | (er) ist geboren |
| **invece** | hingegen |

## 6 Die ewige Frage: *è* oder *c'è*?

Erinnern Sie sich an den Hit *Laura non c'è* („Laura ist nicht da.")? *C'è* kommt vom Verb *esserci*, welches „geben", „da sein" oder einfach „sein" bedeutet. Vorsicht: *Esserci* wird oft mit *essere* (= sein) verwechselt.

| | |
|---|---|
| *In questa città **c'è** una chiesa antica.* | In dieser Stadt gibt es eine alte Kirche. |
| *Oggi **ci sono** poche persone al cinema.* | Heute sind wenige Leute im Kino. |
| *La farmacia **è** lì all'angolo.* | Die Apotheke ist dort an der Ecke. |

**Ergänzen Sie die folgenden Erläuterungen mit *essere* oder *esserci* entsprechend der obigen Beispiele. Überprüfen Sie dann die Antworten im Lösungsschlüssel.**

1 Steht die Ortsangabe vor dem Verb, wird __________ gebraucht.
2 Steht das Verb vor dem Subjekt und evtl. vor der Ortsangabe, wird __________ gebraucht.
3 Steht das Subjekt vor dem Verb und der Ortsangabe, wird __________ gebraucht.

**Kreuzen Sie jetzt die richtige Form an.**

a Nella mia classe __________ due ragazzi stranieri.
☐ ci sono ☐ c'è ☐ sono

b Scusi, __________ un ospedale qui nella zona?
☐ ci sono ☐ c'è ☐ è

c Rita __________ in giardino con il cane.
☐ c'è ☐ sono ☐ è

d Non __________ nessuno!
☐ è ☐ c'è ☐ sono

e I bambini __________ a scuola.
☐ ci sono ☐ c'è ☐ sono

f Le pantofole __________ sotto il letto.
☐ ci sono ☐ sono ☐ c'è

g A Napoli __________ un famoso vulcano.
☐ è ☐ c'è ☐ ci sono

h Guarda, la tazza __________ là, sul tavolo.
☐ c'è ☐ ci sono ☐ è

i __________ molte bancarelle al mercato.
☐ C'è ☐ Sono ☐ Ci sono

j __________ tanta gente in centro.
☐ C'è ☐ Ci sono ☐ Sono

k Qui __________ sempre molto da fare.
☐ ci sono ☐ c'è ☐ è

l I giardini pubblici __________ vicino al fiume.
☐ sono ☐ ci sono ☐ è

| | |
|---|---|
| **l'ospedale,** ***m*** | das Krankenhaus |
| **nessuno** | niemand |
| **la pantofola** | der Hausschuh |
| **sotto il letto** | unter dem Bett |
| **il vulcano** | der Vulkan |
| **la bancarella** | der Verkaufsstand |
| **molto da fare** | viel zu tun |
| **i giardini pubblici** | der öffentliche Park |
| **vicino al fiume** | neben dem Fluss |

## 7 *Giocare* und andere Spielereien ...

Beachten Sie die folgenden Unterschiede im Italienischen:
- ein Spiel / einen Sport spielen → *giocare*
- Musik spielen → *suonare*
- im Theater / Kino / Fernsehen (mit)spielen → *recitare*

**Ergänzen Sie mit *giocare, suonare* oder *recitare*. Verwenden Sie dabei die Zeitform, die rechts angegeben ist.**

| | | |
|---|---|---|
| a | Davide ____________ la chitarra elettronica in una band. | presente |
| b | Vi va di ____________ a carte? | infinito |
| | – No, dai, ____________ a scacchi! | presente |
| c | Il violinista Uto Ughi ____________ in tutto il mondo con le più rinomate orchestre. | passato prossimo |
| d | Mio figlio ____________ a pallavolo in una squadra. | presente |
| e | Un'iniziativa per i giovani: un'orchestra sinfonica ____________ Mozart in discoteca! | passato prossimo |
| f | Vittorio Gassman ____________ in più di cento film. | passato prossimo |
| g | Federica ama ____________ Bach. | infinito |
| h | So ____________ il pianoforte e il flauto. | infinito |
| i | Purtroppo Lorenzo e Valeria non sanno ____________ a tennis. | infinito |
| j | Sophia Loren ____________ insieme a Marcello Mastroianni. | passato prossimo |
| k | Luca Toni ____________ nel Bayern München come attaccante. | presente |
| l | Che fanno i bambini? – ____________ a mosca cieca in giardino. | presente |

| | |
|---|---|
| **la chitarra elettronica** | die E-Gitarre |
| **Vi va?** | Habt ihr Lust? |
| **gli scacchi** | das Schachspiel |
| **il violinista** | der Geiger |
| **Uto Ughi** | *Geiger (*1944)* |
| **rinomato** | renommiert |
| **la pallavolo** | der Volleyball |

| | |
|---|---|
| **la squadra** | die Mannschaft |
| **l'iniziativa** | die Initiative |
| **l'orchestra sinfonica** | das Symphonieorchester |
| **Vittorio Gassman** | *Schauspieler und Regisseur (1922–2000)* |
| **il pianoforte** | das Klavier |
| **il flauto** | die Flöte |
| **Sophia Loren** | *Schauspielerin (*1934)* |
| **Marcello Mastroianni** | *Schauspieler (1924–1996)* |
| **Luca Toni** | *Fußballspieler (*1977)* |
| **l'attaccante,** *m* | der Stürmer |
| **(la) mosca cieca** | Blindekuh |

## 8 „Gehen", „fahren", „fliegen": *Volare, oh, oh!*

Im Italienischen unterscheidet man im Allgemeinen nicht zwischen „gehen" und „fahren". Für beides wird *andare* verwendet. Will man die Art und Weise von „gehen" näher beschreiben, dann erweitert man *andare*:
gehen → *andare, andare a piedi* (zu Fuß)
fahren → *andare, andare in auto / con l'auto* (mit dem Auto) usw.
Für „fahren" gibt es noch zwei weitere Verben im Italienischen:
(einen Wagen) fahren → *guidare* fahren (= verreisen) → *viaggiare*
Beachten Sie auch die verschiedenen Formen des Verbs „fliegen":
fliegen (als Art der Bewegung) → *volare*
fliegen (= mit dem Flugzeug fahren) → *andare in aereo / prendere l'aereo*

**Übersetzen Sie.**

a Dieses Mal fahren wir mit der Bahn.

b Wann gehen die Kinder zur Schule?

c Ich bin in Paris gewesen. – Bist du geflogen?

d Heute gehe ich zu Fuß.

e Marco fährt beruflich jede Woche nach Rom.

f Wollen wir zu Fuß gehen oder mit dem Bus fahren?

g Das Flugzeug fliegt in geringer Höhe.

h Sie sind mit dem Zug nach Florenz gefahren.

i Ich habe 1999 Auto fahren gelernt.

j Ich fahre jeden Tag Fahrrad.

k Die Bienen fliegen von Blume zu Blume.

l Elena und Walter sind mit dem Schiff nach Sizilien gefahren.

m Ich bin noch nie Straßenbahn gefahren.

| | |
|---|---|
| **questa volta** | dieses Mal |
| **il treno** | *hier* die Bahn |
| **per lavoro** | beruflich |
| **ogni settimana** | jede Woche |
| **a bassa quota** | in geringer Höhe |
| **l'ape,** ***f*** | die Biene |
| **di fiore in fiore** | von Blume zu Blume |
| **non ... mai** | nie |

## 9 Gefälliges: *Mi piace studiare l'italiano!*

Mit Hilfe der Verben *piacere* (= mögen / gefallen), *amare* (= lieben), *preferire* (= bevorzugen), *odiare* (= hassen) und *detestare* (= nicht ausstehen können) lassen sich im Italienischen Vorlieben ausdrücken. *Piacere* kann allerdings auch mit „schmecken" übersetzt werden. Und nicht vergessen: *piacere* steht dabei in der Regel in der 3. Person, im Singular wie im Plural.

**Verbinden Sie zunächst die deutschen Sätze mit ihren italienischen Entsprechungen. Vervollständigen Sie dann die italienischen Sätze mit den dazugehörigen Verben.**

a Ich liebe Musik, insbesondere klassische Musik.
b Meinen Freunden gefällt es zu singen und zu tanzen.
c Na, wie schmecken euch die Rouladen?
d Ich bevorzuge kurze Nudeln.
e Mein Vater hasst die Oper. Er findet sie langweilig.
f Wir lieben Moderne Kunst. Wir besuchen jede Ausstellung.
g Ich kann Rauchen nicht ausstehen!
h Dieser Kuchen ist köstlich! – Wirklich? Schmeckt er dir?
i Ich mag italienische und spanische Weine sehr. Und du?
j Ich hasse Krimis. – Und warum?
k Sie kann intrigante und falsche Leute nicht ausstehen.
l Schau dir das Bild an. Wie gefällt es dir?

1 Mio padre ______________ l'opera. La trova noiosa.
2 Questo dolce è squisito! – Davvero? Ti ______________ ?
3 ______________ la gente intrigante e falsa!
4 ______________ il fumo!
5 ______________ la pasta corta.
6 ______________ i film gialli. – E perché?
7 Guarda questo quadro. Ti ______________ ?
8 Ai miei amici ______________ cantare e ballare.
9 E allora, vi ______________ gli involtini?
10 ______________ la musica, specialmente la musica classica.
11 ______________ l'arte contemporanea. Andiamo a tutte le mostre.
12 A me ______________ molto i vini italiani e quelli spagnoli. E a te?

**Achtung! Vielleicht ist es Ihnen aufgefallen: „Wie gefällt es dir?" heißt immer nur *Ti piace*? (und nicht ~~*come*~~ *ti piace*).**

## 10 Gegenteiliges: *„Il buono, il brutto, il cattivo"*

*„Il buono, il brutto, il cattivo"* heißt ein berühmter Western von Sergio Leone. *Buono* und *cattivo* sind dabei gleichzeitig Adjektive und Gegensatzwörter. Wie lautet nun das Gegenteil von *brutto*? Finden Sie dies und andere Gegenteile in der nächsten Übung heraus: *un cruciverba*!

**Tragen Sie in das *cruciverba* jeweils das Gegensatzwort des kursiven Adjektivs ein.**

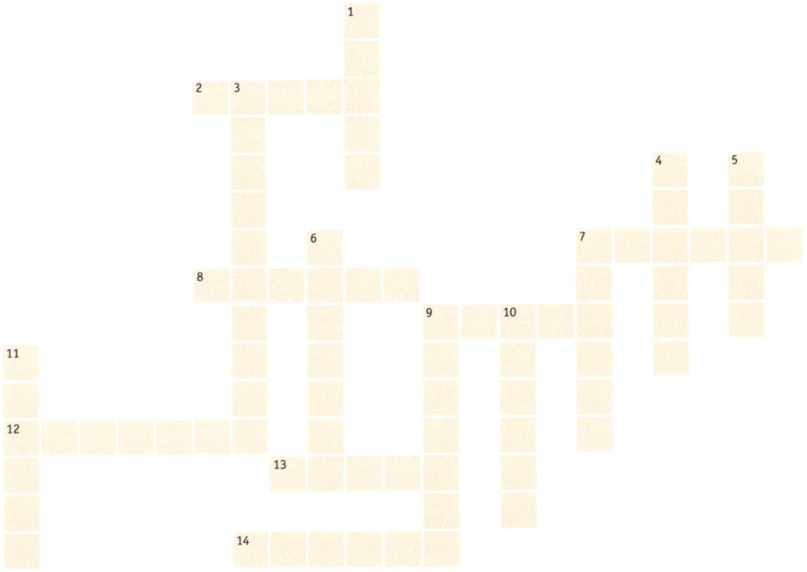

**Orizzontali**

2 un caffè *freddo*
7 un negozio *aperto*
8 un esercizio *difficile*
9 degli studenti *diligenti*
12 un tavolo *pesante*
13 un uomo *brutto*
14 una stanza *pulita*

**Verticali**

1 una giacca *vecchia*
3 un bambino *simpatico*
4 dei libri *interessanti*
5 dei ragazzi *alti*
6 una signora *anziana*
7 dei colori *scuri*
9 una casa *grande*
10 delle ragazze *magre*
11 una macchina *lenta*

## 11 Männlich oder weiblich: Endungen voller „Bedeutung"

Die italienischen Substantive sind entweder männlich oder weiblich. Es gibt aber auch Substantive, die sowohl eine männliche als auch eine weibliche Form besitzen:

1 Die meisten dieser Substantive weisen dieselbe Grundbedeutung auf, z. B. *il commess**o*** (der Verkäufer) und *la commess**a*** (die Verkäuferin).
2 Einige jedoch haben unterschiedliche Bedeutungen, z. B. *il gamb**o*** (der Stiel) und *la gamb**a*** (das Bein).

Um Letztere geht es in der folgenden Übung.

**Vervollständigen Sie die Sätze mit den unten stehenden Substantiven und geben Sie dazu rechts die passende deutsche Übersetzung an.**

posta ~~casa~~ banco coperta cassetta porto cassetto posto
foglie coperto porta caso banca fogli

a Fabio e Sandra hanno comprato una *casa* al mare. — *Haus*
b Quest'estate siamo stati in un ______ bellissimo! ______
c Per piacere, puoi chiudere la ______ ? ______
d Scusi, mi dà tre ______ di carta da lettere, per cortesia? ______
e Andiamo in Sicilia con la nave. Partiamo dal ______ di Napoli. ______
f Devo andare in ______ per fare un bonifico. ______
g Nei ristoranti italiani il ______ si paga a parte. ______
h Il libro d'italiano è nel ______ della scrivania. ______
i In Italia, nei bar, si può consumare in piedi al ______ o seduti al tavolo. ______
j Ho comprato una ______ di mele. ______
k In autunno molti alberi perdono le ______ . ______
l Senti, ho freddo! Mi prendi un'altra ______ , per favore? ______
m Ieri, per puro ______ , ho incontrato Bea! – Ah, sì? E dove? ______
n Signorina, ha già spedito la ______ ? ______

| | |
|---|---|
| **la carta da lettere** | das Briefpapier |
| **la nave** | das Schiff |
| **partire** | abfahren |
| **il bonifico** | die Überweisung |
| **a parte** | getrennt |
| **la scrivania** | der Schreibtisch |
| **consumare** | verzehren |
| **in piedi** | stehend |
| **seduto** | sitzend |
| **la mela** | der Apfel |
| **l'autunno** | der Herbst |
| **l'albero** | der Baum |
| **perdere** | verlieren |
| **ho freddo** | mir ist kalt |
| **prendere** | *hier* holen |
| **puro** | pur, rein |
| **incontrare** | treffen |
| **spedire** | verschicken |

## 12 Gewichtiges um „schwer" und „leicht"

Für die Adjektive „schwer" und „leicht" gibt es im Italienischen verschiedene Wörter:

*pesante* → „schwer" im Sinne von „schwer wiegend, dick / warm, schwer verdaulich"
*difficile* → „schwer" im Sinne von „schwierig"

*leggero* → „leicht" im Sinne von „geringes Gewicht, nicht dick, leicht verdaulich"
*facile* → „leicht" im Sinne von „einfach"

2

**Setzen Sie *pesante, difficile, leggero* oder *facile* (mit der richtigen Endung) ein.**

A: antonia.b@libero.it
Cc:
Oggetto: novità

Arial 10 G C S

Ciao, bella! Come va?
Qui da noi fa un freddo cane! Ho già tirato fuori tutti i maglioni ____________ .
E tutti i bei vestiti estivi, quelli ____________ (e sexy!), non li potrò mettere per un bel pezzo!
Sai, mi sono trasferita. Adesso abito con due amiche. Alcuni ragazzi ci hanno aiutato per il trasloco: i "maschi" hanno portato le cose più grandi e ____________ , noi ragazze invece gli oggetti più piccoli e ____________ .
All'università ho cominciato a studiare il tedesco. È una bella lingua, ma un po' ____________ , soprattutto la grammatica con i casi come in latino. La grammatica inglese è molto più ____________ !
Indovina chi ho invitato a cena sabato prossimo? Enrico, il bello! Ho pensato di fare le lasagne. Che dici, vanno bene? O sono troppo ____________ a cena?
Mm, forse è meglio preparare un piatto più ____________ e semmai... esotico.
Ma che cosa? Aiutami, ti prego!!
Un bacio, Isabella

| | |
|---|---|
| **fa un freddo cane** | es herrscht eine Hundskälte |
| **tirare fuori** | herausholen |
| **i vestiti estivi** | die sommerlichen Kleider |
| **potrò mettere** | ich werde anziehen können |
| **un bel pezzo** | eine Weile |
| **trasferirsi** | umziehen |
| **il trasloco** | der Umzug |
| **soprattutto** | vor allem |
| **indovinare** | raten |
| **meglio** | besser |
| **semmai** | eventuell |
| **aiutami** | hilf mir |

## 13 Aufgepasst bei *lo* und *la*: Artikel oder Pronomen?

*Lo* und *la* können als Artikel (der, die, das) und als Pronomen (ihn, sie, es) benutzt werden. Im Deutschen gibt es für *lo* und *la* jeweils mehrere Entsprechungen.

Zwei Beispiele:

| | |
|---|---|
| *Mangia* ***la*** *pizza!* (Artikel) | Iss **die** Pizza! |
| *Non* ***la*** *voglio mangiare.* (Pronomen) | Ich will **sie** nicht essen. |

**Übersetzen Sie.**

a Die Aufführung ist sehr schön gewesen.

b Die Videothek an der Ecke ist gut ausgestattet.

c Das Fahrrad ist kaputt. Ich muss es reparieren.

d Kennst du Maria? – Ja, ich kenne sie.

e Ich weiß es nicht.

f Patrizia ist krank. Wir müssen sie anrufen.

g Ich liebe Fisch. Ich esse ihn einmal die Woche.

h Wie war das Fest?

i Die Tür ist offen. Machst du sie bitte zu?

j Wo ist Vati? Ich warte auf ihn seit zwei Stunden.

k Haben Sie den Brief schon verschickt? – Ich verschicke ihn sofort!

l Mm, Eis mit Kaffeegeschmack! Ich möchte es probieren!

m Habt ihr diesen Film schon gesehen? – Nein, wir haben ihn noch nicht gesehen.

n Magst du Fleisch? – Ja, aber ich esse es selten.

| | |
|---|---|
| **spettacolo** | Aufführung |
| **videoteca** | Videothek |
| **all'angolo** | an der Ecke |
| **ben fornito** | gut ausgestattet |
| **rotto** | kaputt |
| **malato** | krank |
| **dovere** | müssen |
| **chiamare** | anrufen |
| **una volta alla settimana** | einmal die Woche |
| **porta** | Tür |
| **aspettare** | warten |
| **da due ore** | seit zwei Stunden |
| **spedire** | verschicken |
| **al caffè** | mit Kaffeegeschmack |
| **voglio** | *hier* ich möchte |
| **vedere (visto)** | sehen (gesehen) |
| **non... ancora** | noch nicht |
| **carne** | Fleisch |
| **raramente** | selten |

## 14 Mit oder ohne *-mente*? *Una regola facile si usa facilmente!*

Das Adjektiv *facile* und das Adverb *facilmente* werden im Deutschen beide mit „einfach" übersetzt. Doch wann benutzt man das Adjektiv und wann das Adverb? Die „einfachste" Regel ist: Benutzen Sie nie die *-mente*-Form, wenn Sie sich auf ein Substantiv (Hauptwort) oder auf eine Person beziehen.

**Verbinden Sie die linke mit der rechten Spalte zu sinnvollen Sätzen. Ergänzen Sie dabei die markierten Wörter mit der passenden Adjektivendung *-o, -a, -i, -e* bzw. Adverbendung *-(a)mente*.**

a Emilia è una persona ...
b È **ver**______ la storia che ...
c Stiamo lavorando a un progetto ...
d Scusi, ci sa dire **gentil**______ ...
e Per piacere, puoi camminare ...
f A Vito per il suo compleanno ...
g Amo i frutti di mare, ...
h Saverio conosce **perfett**______ ...
i Bravo! Il tuo compito di matematica ...
j Perché non mi innamoro mai ...
k Oggi mi sento **ver**______ ...
l Sono stressato, ho bisogno di ...

1 voglio fare un regalo **special**______ .
2 **estrem**_*amente*_ disponibile.
3 dove si trova il duomo?
4 di uomini **gentil**______ ?
5 più **lent**______ ? Sono stanco!
6 in forma!
7 è **perfett**______ !
8 un luogo **tranquill**______ per riposarmi!
9 ha raccontato Cinzia ieri?
10 **particolar**______ impegnativo.
11 l'inglese, il francese e il tedesco.
12 mi piacciono **special**______ le cozze!

| | |
|---|---|
| **la storia** | die Geschichte |
| **camminare** | laufen |
| **il compleanno** | der Geburtstag |
| **i frutti di mare** | die Meeresfrüchte |
| **conoscere** | *hier* können |
| **il compito** | *hier* die Arbeit |
| **innamorarsi (di)** | sich verlieben (in) |
| **sentirsi** | sich fühlen |
| **avere bisogno di** | brauchen |
| **il regalo** | das Geschenk |
| **disponibile** | hilfsbereit |
| **trovarsi** | sich befinden |
| **stanco** | müde |
| **riposarsi** | sich ausruhen |
| **raccontare** | erzählen |
| **impegnativo** | anspruchsvoll |
| **le cozze** | die Miesmuscheln |

## 15 Präpositionen: *Qualcosa "di" nuovo "da" imparare ...*

Die Präpositionen *di* und *da* werden oft verwechselt, da beide auf Deutsch unter anderem sowohl „von" als auch „aus" bedeuten können. Ein Beispiel:

| | |
|---|---|
| *Sono **di** Milano.* | Ich bin **aus** Mailand. |
| *Vengo **da** Milano.* | Ich komme **aus** Mailand. |

Unterscheiden Sie in der nächsten Übung *di* und *da* also ganz genau.

**Bringen Sie die Wörter in die richtige Reihenfolge.**

a chiama il di ragazzo Olga si Franco

b la da giacca è in letto camera

c di non c'è fare niente bello da

d Rita ha pullover cotone comprato un di

e d' sciare a inverno vado

f veniamo Madrid noi da

g andare parrucchiere devo dal

h di sono Piacenza loro

i sera amici usciamo di con gli

j un vorrei bicchiere vino di bianco

k aspetto ora l'autobus un' da

l da dieta comincio la lunedì

m dal mio dormo amico stasera

**Welche Entsprechungen gibt es im Deutschen für *di*? Welche für *da*?**

| | |
|---|---|
| **chiamarsi** | heißen |
| **il ragazzo** | *hier* der Freund |
| **la giacca** | die Jacke |
| **la camera** | das Zimmer |
| **il cotone** | die Baumwolle |
| **sciare** | Ski fahren |
| **l'inverno** | der Winter |
| **il parrucchiere** | der Friseur |
| **uscire** | ausgehen |
| **il bicchiere** | das Glas |
| **aspettare** | warten |
| **la dieta** | die Diät |
| **cominciare** | anfangen, beginnen |
| **il lunedì** | der Montag |
| **dormire** | *hier* übernachten |

## 16 *Di* oder *da*? *Forza e coraggio!*

Nun sollen Sie selbst entscheiden, welche Präposition besser passt: *di* oder *da*?

**Setzen Sie die Präposition *di* oder *da* (evtl. + bestimmter Artikel) ein.**

a Per andare a New York abbiamo preso l'aereo _______ Roma.
b In biblioteca ho incontrato la figlia _______ signor Pepe.
c Sono inciampata mentre scendevo _______ macchina.
d Dov'è Fabrizio? – _______ Michele.
e _______ mattina vado sempre a correre nel parco.
f Ieri sono andato _______ avvocato.
g Il corso d'italiano dura _______ 18.00 alle 21.00.
h Mi serve un paio di scarpe _______ ginnastica.
i Liana legge romanzi e libri _______ avventura.
j Non ho più niente _______ dire.
k _______ dove sono Veronica e Marta?
l Il mio fidanzato mi ha regalato un paio di orecchini _______ perle.
m E basta, adesso! Stai guardando la televisione _______ tre ore.
n Tre etti _______ mortadella, per piacere!
o La camera _______ pranzo è molto spaziosa.
p Hai finito _______ studiare?

| | |
|---|---|
| **Forza e coraggio!** | Vorwärts, nur Mut! |
| **prendere (preso)** | nehmen |
| **la figlia** | die Tochter |
| **inciampare** | stolpern |
| **scendere** | aussteigen |
| **l'avvocato** | der Rechtsanwalt |
| **servire** | *hier* brauchen |
| **il paio** | das Paar |
| **il romanzo** | der Roman |
| **l'avventura** | das Abenteuer |
| **il fidanzato** | der Verlobte |
| **l'orecchino** | der Ohrring |
| **l'etto** | 100 Gramm |
| **spazioso** | geräumig |
| **finire** | *hier* fertig sein |

## 17 Alles bewegt sich: *Giro, girotondo, giro intorno al mondo*

Nun dreht sich alles um die Verben der Bewegung (*girare, tornare, saltare* usw.). Ein Kinderspiel? Nicht ganz: Achten Sie auf das Verb *girare*, es kann im Deutschen verschiedene Bedeutungen haben: drehen, abbiegen, (her)umlaufen/-fahren/-gehen, ablaufen.

**Ergänzen Sie mit den unten stehenden Verben. Verwenden Sie dabei die Zeitform, die rechts angegeben ist.**

girare (4×) tornare (2×) camminare (2×) attraversare proseguire correre saltare

| | | |
|---|---|---|
| a | Gaia, allora, tuo figlio ________________ ? – No, gattona ancora. | presente |
| b | Quando vai a ________________ ? – In genere la mattina presto. | infinito |
| c | Per trovare il regalo giusto per Francesco (io) ________________ tutta la città! | passato prossimo |
| d | Quando (voi) ________________ ? – Verso mezzanotte. | presente |
| e | Il cane ha cominciato ad abbaiare, mi sono spaventata e ________________ sul tavolo! | passato prossimo |

| | | |
|---|---|---|
| f | Al semaforo deve ________________ a destra. | infinito |
| g | Mentre (io) ________________ la strada, si sono rotte le buste della spesa! | imperfetto |
| h | Siamo già stati a Roma tante volte, ma ci ________________ sempre volentieri. | presente |
| i | Puoi ________________ un po' il televisore? Non vedo niente. | infinito |
| j | Lei deve ________________ fino al prossimo incrocio. | infinito |
| k | Prendiamo la macchina? – No, io preferisco ________________ . | infinito |
| l | Siamo stati in Sardegna. ________________ tutta l'isola in moto! | passato prossimo |

| | |
|---|---|
| **girotondo** | Ringelreihen |
| **tornare** | *hier* zurückkommen, wieder fahren |
| **camminare** | laufen |
| **attraversare** | überqueren, hinübergehen |
| **proseguire** | weitergehen, weiterfahren |
| **correre** | laufen, rennen |
| **saltare** | springen |
| **gattonare** | krabbeln |
| **il regalo giusto** | das richtige Geschenk |
| **la mezzanotte** | (die) Mitternacht |
| **il cane** | der Hund |
| **abbaiare** | bellen |
| **spaventarsi** | erschrecken |
| **il semaforo** | die Ampel |
| **rompersi** | kaputt gehen |
| **la busta della spesa** | die Einkaufstasche |
| **il prossimo incrocio** | die nächste Kreuzung |
| **prendere** | nehmen |
| **l'isola** | die Insel |

## 18 „Besuchen“ ist nicht immer *visitare*

Das deutsche Verb „besuchen“ heißt im Italienischen nicht nur *visitare*, sondern hat je nach Kontext mehrere Entsprechungen:

| | | |
|---|---|---|
| (jemanden) besuchen | → | *andare / venire a trovare, fare visita a* |
| (einen Ort, ein Museum etc.) besuchen | → | *visitare* |
| (eine Veranstaltung u. ä.) besuchen | → | *assistere a, andare* |
| (die Schule u. ä.) besuchen | → | *frequentare* |

**Kreuzen Sie die richtige Form an.**

a Domenica _____ mia zia in ospedale.
☐ abbiamo fatto visita a
☐ siamo venuti a trovare

b Voglio _____ la Galleria Borghese.
☐ visitare
☐ frequentare

c _____ un corso d'italiano all'Istituto di Cultura.
☐ Visito
☐ Frequento

d Quando mi _____ ?
☐ visitate
☐ venite a trovare

e Ugo _____ un amico a Vicenza.
☐ è andato a trovare
☐ è venuto a trovare

f Mia figlia _____ la quinta elementare.
☐ visita
☐ frequenta

g Ieri _____ a una manifestazione musicale.
☐ hanno fatto visita
☐ sono andati

h Questo semestre _____ solo due corsi.
☐ visito
☐ frequento

i Lo scorso fine settimana _____ il duomo di Monreale.
☐ abbiamo visitato
☐ abbiamo frequentato

j Non ho potuto _____ allo spettacolo.
☐ fare visita
☐ assistere

k Sono andato in Inghilterra per _____ Londra e dintorni.
- ☐ visitare
- ☐ andare a trovare

l Lia _____ i nonni ogni mese.
- ☐ visita
- ☐ va a trovare

| | |
|---|---|
| **la domenica** | der Sonntag |
| **la zia** | die Tante |
| **l'ospedale** | das Krankenhaus |
| **la Galleria Borghese** | *Museum in Rom* |
| **l'Istituto di Cultura** | das Kulturinstitut |
| **la quinta elementare** | die 5. Klasse |
| **la manifestazione** | die Veranstaltung |
| **il semestre** | das Semester |
| **lo scorso fine settimana** | letztes Wochenende |
| **il duomo di Monreale** | *Dom in Sizilien* |
| **lo spettacolo** | die Aufführung |
| **i dintorni** | die Umgebung |
| **i nonni** | die Großeltern |
| **ogni** | jede |
| **il mese** | der Monat |

## 19 Wer kann, der kann: *potere* und *sapere*

Die Verben *potere* und *sapere* bedeuten im Deutschen beide „können". Beachten Sie: *potere* drückt immer die Möglichkeit oder eine Erlaubnis etwas zu tun aus, *sapere* hingegen die besondere Fähigkeit etwas zu tun.

**Bilden Sie Sätze mit *potere* oder *sapere* (im Präsens) und den jeweils angegebenen Elementen.**

a (io) il usare cellulare? Tuo
*Posso usare il tuo cellulare?*

b io tu? lavorare e a maglia, non
___________________________

c (tu) a dama? giocare

---

d (io) oggi perché giocare a ho non non tennis tempo

---

e Lara molto cucinare bene

---

f perciò devo studiare e ti non aiutare

---

g Wanda non cucire ricamare e nemmeno

---

h nei pubblici si non luoghi fumare

---

i scusi, la per porta, chiudere piacere?

---

j (voi) non c'è stato perché un incidente passare

---

k (io) mamma, stasera? con Giovanni uscire

---

l la chitarra? Marco, suonare

---

| | |
|---|---|
| **il cellulare** | das Handy |
| **lavorare a maglia** | stricken |
| **la dama** | das Damespiel |
| **cucinare** | kochen |
| **perciò** | deshalb |
| **cucire** | nähen |
| **ricamare** | sticken |
| **nemmeno** | auch nicht |
| **pubblico** | öffentlich |
| **il luogo** | *hier* der Raum |
| **l'incidente** | der Unfall |
| **passare** | *hier* durchfahren |
| **uscire** | ausgehen |
| **suonare** | spielen |

## 20 Gegensätze ziehen sich an: Adverbien

Hier üben Sie wichtige und häufig gebrauchte Adverbien in Form von Gegensatzpaaren.

**Tragen Sie in das *cruciverba* das fehlende Gegensatzwort der in kursiv gesetzten Adverbien ein.**

**Orizzontali**

4 Oggi non ho mangiato *molto*, anzi ho mangiato ______ .
6 Tina non parla *mai*, Rosa invece parla ______ .
8 Franco non fuma *spesso*, lui fuma ______ .
9 Se non va *meglio*, allora va ______ .
10 Se non sta *dentro*, allora sta ______ .
11 Non è *vicino*, quindi è ______ .

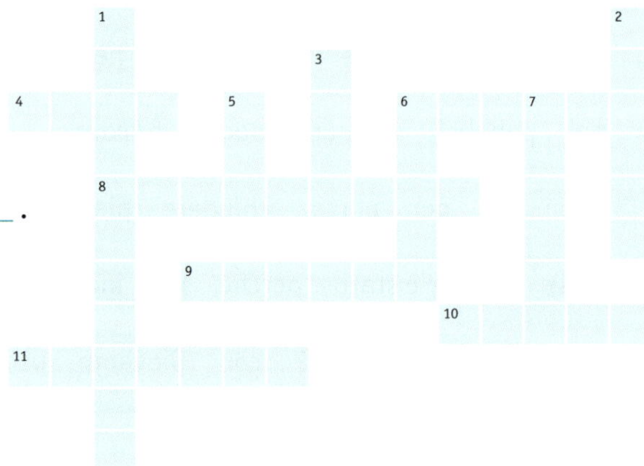

**Verticali**

1 Teo *forse* non viene. Paolo, invece, viene ______ .
2 Il giardino non è *davanti*, è ______ .
3 Non mi sento *male*, anzi mi sento ______ .
5 La tua penna non è *là*, è ______ !
6 Dove devo firmare, *sopra* o ______ ?
7 ______ o *tardi* scoprirai la verità.

| | |
|---|---|
| **anzi** | im Gegenteil |
| **invece** | hingegen |
| **la penna** | der Kugelschreiber |
| **firmare** | unterschreiben |
| **scoprirai** | du wirst entdecken |
| **la verità** | die Wahrheit |

## 21 Ordnung ist das halbe Leben! – Ab in den Behälter!

Es gibt im Italienischen eine große Auswahl an Bezeichnungen für Behälter. Einige davon haben zudem Mehrfachbedeutungen. So bedeutet *barattolo* je nach Kontext „Dose“, „Büchse“ oder „Glas“; *scatola* kann je nachdem „Schachtel“, „Packung“, „Dose“ oder „Büchse“ heißen. Es ist also wichtig, den Behälter und den Inhalt zusammen zu lernen: *un barattolo di marmellata*.

**Tragen Sie die unten stehenden Wörter in das richtige Feld ein (Mehrfachnennungen sind möglich).**

aranciata liquori vernice ricotta pasta sottaceti fogli riso caramelle fiammiferi piselli cioccolatini pastelli biscotti salsa di pomodoro miele pepe olio vino rum ~~birra~~ sigarette tonno panna burro maionese

| | |
|---|---|
| una lattina di | *birra* |
| una confezione di | |
| un pacco di | |
| una scatola di | |
| un barattolo di | |
| una bottiglia di | |
| un pacchetto di | |

| | |
|---|---|
| **la lattina** | die Dose |
| **la confezione** | die Packung |
| **il pacco** | der Pack |
| **la bottiglia** | die Flasche |
| **il pacchetto** | das Päckchen |
| **l'aranciata** | die Orangenlimonade |
| **la vernice** | die Farbe, der Lack |
| **la ricotta** | *ital. Frischkäse* |
| **i sottaceti** | das Essiggemüse |
| **il foglio** | das (Papier-)Blatt |
| **la caramella** | das Bonbon |
| **il fiammifero** | das Streichholz |
| **il pisello** | die Erbse |
| **il pastello** | der Farbstift |
| **il miele** | der Honig |
| **il pepe** | der Pfeffer |
| **il tonno** | der Thunfisch |
| **la panna** | die Sahne |

## 22 Wie viele sind einige? Die unbestimmte Menge im Italienischen

Eine unbestimmte Menge wird im Italienischen mit *qualche, alcuni / alcune* oder *di* + Artikel (*del, delle, degli* usw.) ausgedrückt. Im Deutschen gibt es dafür das Wort „einige" als direkte Entsprechung; häufig allerdings steht das Hauptwort allein.

Zum Beispiel:

| | |
|---|---|
| *Ho comprato* ***qualche*** *mela /* ***alcune*** *mele /* ***delle*** *mele.* | Ich habe **einige** Äpfel / Äpfel gekauft. |
| *Ho comprato* ***del*** *pane.* (nicht ~~*qualche pane*~~*!)* | Ich habe Brot gekauft. |

**Lernen Sie aus den Beispielen auf Seite 42 und streichen Sie die unpassenden Bezeichnungen.**

1 Bei Hauptwörtern im Plural verwendet man:
*qualche* | *alcuni* und *alcune* | *di* + *Artikel*

2 Bei Hauptwörtern im Singular verwendet man:
*qualche* | *alcuni* und *alcune*

3 Bei Sammelnamen im Singular verwendet man:
*alcuni* und *alcune* | *di* + Artikel

**Vervollständigen Sie die Sätze mit den unten stehenden Angaben.**

qualche alcuni dello della alcune dell' del qualche qualche della alcune

a Mi serve ________ spumante per preparare l'aperitivo.
b Ieri al mercato ho comprato ________ frutta e ________ verdura di stagione.
c ________ volte Pasquale si comporta in modo davvero strano!
d ________ volta Beatrice e io giochiamo a ping-pong.
e Alla festa abbiamo bevuto ________ vino squisito!
f Quando siete stati in Australia? – ________ anno fa!
g ________ anni fa abbiamo fatto una crociera nel Mediterraneo.
h A casa della nonna ho mangiato solo ________ insalata.
i L'estate scorsa sono venute a trovarmi ________ amiche.
j Tra ________ minuto comincia la partita!

| | |
|---|---|
| **lo spumante** | der Sekt |
| **la volta** | das (eine) Mal |
| **comportarsi in modo davvero strano** | sich echt komisch benehmen |
| **squisito** | köstlich |
| **fa** | *hier* vor |
| **la crociera** | die Kreuzfahrt |
| **il Mediterraneo** | das Mittelmeer |
| **scorso** | letzter, -e, -es |
| **cominciare** | beginnen |
| **la partita** | das Spiel |

## 23 Die Formen *gli* und *le*: Artikel oder Pronomen

Die Wörtchen *gli* und *le* können auf zweierlei Weise benutzt werden: als Artikel im Plural („die“) und als Pronomen („ihm, ihnen, ihr …“). Im Deutschen gibt es für *gli* und *le* mehrere Übersetzungsmöglichkeiten. Manchmal kann eine Entsprechung aber auch entfallen. Dazu folgende Beispiele:

| | |
|---|---|
| *Mangia **gli** spaghetti!* (Artikel) | Iss **die** Spaghetti! |
| ***Gli** devo dare dei soldi.* (Pronomen) | Ich muss **ihm** / **ihnen** Geld geben. |
| *Mi piacciono **le** albicocche.* (Artikel) | Ich mag Aprikosen. |

**Übersetzen Sie.**

a Die Freunde von Francesco sind sehr sympathisch.

b Kannst du mir bitte die Schlüssel geben?

c Du musst ihm die Wahrheit sagen!

d Hast du die Miesmuscheln gekauft?

e Hast du Paola und Gigi angerufen? – Nein, ich habe ihnen eine E-Mail geschrieben.

f Nora trägt immer Stiefel.

g Gefallen dir Sportwagen?

h Ich wollte Sie um einen Gefallen bitten.

i Hast du Vincenzo gesehen? – Nein, ich habe ihm aber eine SMS geschickt.

j Bernardo glaubt ihr nicht.

k Wann hat er mit ihm telefoniert?

l Ich habe ihm die 100 Euro zurückgegeben.

m Die Töpfe stehen in der Anrichte.

n Ich mag Zucchini.

| | |
|---|---|
| **la chiave** | der Schlüssel |
| **dovere** | müssen |
| **la verità** | die Wahrheit |
| **le cozze** | die Miesmuscheln |
| **portare** | tragen |
| **lo stivale** | der Stiefel |
| **la macchina sportiva** | der Sportwagen |
| **volevo** | ich wollte |
| **chiedere un piacere** | um einen Gefallen bitten |
| **l'SMS (esse emme esse)** | die SMS |
| **mandare** | schicken |
| **credere** | glauben |
| **restituire** | zurückgeben |
| **la pentola** | der Topf |
| **stare** | stehen |
| **la credenza** | die Anrichte |

## 24 Ende gut, alles gut: *buono* oder *bene*?

Auf dieser Seite geht es ausschließlich um *buono* und *bene*: Denn beide können im Deutschen „gut“ bedeuten. Wann aber benutzt man nun *buono* und wann *bene*? Dazu folgende Tipps:

- Benutzen Sie das Adjektiv *buono* (und seine Formen), wenn „gut“ sich auf Hauptwörter oder Personen bezieht.
- Benutzen Sie das Adverb *bene*, wenn „gut“ sich nicht auf Hauptwörter oder Personen bezieht.

# 3

**Verbinden Sie die linke mit der rechten Spalte zu sinnvollen Mini-Dialogen. Ergänzen Sie dabei die Sätze mit *buono* (in der richtigen Form) oder mit *bene*.**

| | | | |
|---|---|---|---|
| a | Finalmente ho trovato il coraggio di lasciare Renzo! | 1 | Anch'io ti amo tanto! |
| b | Oggi non mi sento molto ________ . | 2 | Sì, è un ________ amico di mio fratello. |
| c | Conosci Giacomo? | 3 | Veramente, no. Mi vanno un po' strette! |
| d | Ho bisogno di un ________ dermatologo per mio figlio, che ha l'acne. | 4 | Mi fa piacere! E che fai, l'accetti? |
| e | Cecilia, ti voglio ________ ! | 5 | Brava, hai fatto proprio ________ ! Non era il ragazzo adatto a te. |
| f | Come mi sta questa gonna? | 6 | Sono ________ . Il ripieno è di carne, vero? |
| g | Ho ricevuto una ________ offerta di lavoro! | 7 | Oh, mi dispiace! |
| h | Allora, signora, Le vanno ________ le scarpe? | 8 | Secondo me, invece, è troppo ingenuo! |
| i | Come sono i tortellini? | 9 | Ti sta ________ ! Dove l'hai comprata? |
| j | Franco è un uomo ________ e sensibile. | 10 | Io ne conosco uno molto bravo. Ha lo studio in Via Cavour. |

| | |
|---|---|
| **il coraggio** | der Mut |
| **lasciare** | *hier* verlassen |
| **sentirsi** | sich fühlen |
| **il dermatologo** | der Hautarzt |
| **la gonna** | der Rock |
| **l'offerta di lavoro** | das Jobangebot |
| **andare** | *hier* passen |
| **stretto** | eng |
| **accettare** | annehmen |
| **adatto** | geeignet |
| **il ripieno** | die Füllung |
| **secondo me** | meiner Meinung nach |
| **ingenuo** | naiv |
| **ne conosco uno** | ich kenne einen |
| **lo studio** | *hier* die Praxis |

## 25 *Per* und *tra / fra:* Nicht alle Präpositionen sind eine harte Nuss!

Hier üben Sie nun die Präpositionen *per* und *tra / fra*. Ein Beispiel:

| | |
|---|---|
| *Detto* ***tra*** *noi,* ***per*** *te farei questo e altro!* | **Unter** uns gesagt, **für** dich würde ich alles das und noch mehr tun! |

Das sind aber nicht die einzigen Anwendungsmöglichkeiten von *per* und *tra / fra*. Mehr erfahren Sie in der Übung.

**Setzen Sie *per* oder *tra / fra* ein.**

a Oggi sono andata al centro commerciale a fare compere: _______ me ho comprato un paio di orecchini, _______ la mia amica invece ho preso una bella collana!
b Tiberio è partito _______ New York.
c Sono stato malato _______ due settimane!
d Quando finisce il film? – _______ un'ora.
e Ho ritrovato il ciuccio del bambino nascosto nel cassetto _______ la biancheria.
f La spedizione dovrebbe arrivare _______ mercoledì.
g Cara, stasera torno _______ le otto.
h Voglio andare all'università, in segreteria, _______ informarmi sui corsi.
i Alla cena a casa di Melania, ero seduta _______ Roberto e Cesare.
j Le inviamo la conferma _______ e-mail.
k _______ tante macchine parcheggiate in divieto di sosta il vigile ha fatto la multa solo a me!
l Ho frequentato un corso d'italiano _______ due anni, ma poi purtroppo, _______ motivi di lavoro, ho dovuto smettere.
m _______ Pasqua torniamo a casa.
n La macelleria si trova _______ la profumeria e il bar.

**Welche Entsprechungen gibt es im Deutschen für *per*? Welche für *tra / fra*?**

3

| | |
|---|---|
| **il centro commerciale** | das Einkaufszentrum |
| **fare compere** | Einkäufe machen |
| **l'orecchino** | der Ohrring |
| **la collana** | die Halskette |
| **ritrovare** | wiederfinden |
| **il ciuccio** | der Schnuller |
| **nascosto** | versteckt |
| **il cassetto** | die Schublade |
| **la biancheria** | die Wäsche |
| **la spedizione** | die Sendung |
| **la segreteria** | das Sekretariat |
| **inviare** | senden |
| **la conferma** | die Bestätigung |
| **il divieto di sosta** | das Parkverbot |
| **il vigile** | der Verkehrspolizist |
| **la multa** | die Geldstrafe |
| **il motivo** | der Grund |
| **smettere** | aufhören |
| **(la) Pasqua** | Ostern |
| **la macelleria** | die Metzgerei |
| **la profumeria** | die Parfümerie |

## 26 *Essere* und *avere*: das Duell!

*Essere* und *avere* sind die mitunter wichtigsten und gebräuchlichsten Verben im Italienischen. Doch Vorsicht, sie können einige Überraschungen bereithalten. Als Hilfsverb gebraucht, entspricht *essere* nicht immer „sein“, und *avere* nicht immer nur „haben“:

***Ho** camminato molto.* Ich **bin** viel gelaufen.

Sollten Sie die Regeln zum Gebrauch von *essere* und *avere* als Hilfsverben nicht parat haben, schlagen Sie diese zunächst in Ihrer Grammatik nach.

**Ergänzen Sie mit *essere* oder *avere* in der richtigen Form.**

*Lecce, 24 agosto 2008*

*Caro Umberto,*
*come stai? Come sta tua moglie? Che si dice a Lugano?*
*Lucia e io ________ appena tornati da un viaggio. ________ stata una bella esperienza, ci ________ veramente divertiti, nonostante qualche piccolo inconveniente.*
*(Noi) ________ fatto un bel giro dell'Italia questa volta. Come sai, in passato (noi) ________ sempre voluti andare in vacanza all'estero.*
*Il viaggio ________ durato tre settimane. Come prima tappa, (noi) ________ visitato Torino, che ci ________ piaciuta molto. Poi ________ andati in Liguria, vicino a Imperia, e lì io ________ nuotato tutto il tempo, come sempre!! Terza tappa: Firenze. Lì purtroppo ________ piovuto tanto e perciò Lucia, che odia la pioggia, si ________ arrabbiata e se ne ________ voluta andare prima! Quindi (io) non ________ potuto vedere tutto quello che mi interessava. Vabbè!*
*Ah, dimenticavo, (noi) ________ viaggiato in treno. Sì, questa volta niente macchina! Certo il viaggio in treno non ________ costato poco. Ma che importa!*
*Per oggi (io) ________ finito, ma la storia non ________ finita qui. Alla prossima puntata!*

*Tanti saluti,*
*Ermanno*

| | |
|---|---|
| **che si dice ...?** | was gibt es Neues ...? |
| **nonostante qualche inconveniente** | trotz einiger Unannehmlichkeiten |
| **il passato** | die Vergangenheit |
| **l'estero** | das Ausland |
| **la tappa** | die Etappe |
| **nuotare** | schwimmen |
| **odiare** | hassen |
| **la pioggia** | der Regen |
| **arrabbiarsi** | sich ärgern |
| **viaggiare** | verreisen, fahren |
| **che importa!** | *hier* was soll's! |
| **finire** | fertig werden, beenden |
| **la puntata** | die Folge |

## 27 Kochen, kochen und nochmals kochen

Aufpassen! Im Italienischen gibt es mehrere Verben für „kochen":
*cucinare* → „kochen" im Sinne von „Speisen zubereiten, zum Essen machen"
*cuocere* → „kochen", eine Speise auf eine bestimmte Art kochen
*bollire* → „kochen" im Sinne von „sieden"

**Vervollständigen Sie die Sätze mit den unten stehenden Angaben.**

bolle cucinare cotta cuoce cuciniamo cuocerle cuocere cucini cotta cucinando cuocere cucinato

a Mia madre sa ________________ molto bene.
b Che ________________ stasera? – Facciamo le penne all'arrabbiata!
c Ma tu, in genere, la carne come la ________________ ?
d L'acqua ________________ . Puoi calare la pasta.
e Attenzione! Il ragù deve ________________ a fuoco lento.
f Preferisco la carne ________________ alla griglia.
g Questo tipo di pasta ________________ in 7 minuti.
h Che stai facendo? – Sto ________________ .

i Per preparare gli gnocchi bisogna prima lessare le patate, cioè ________________ in acqua salata.

j Per la festa di Pasquale ha preparato tutto la zia Maria. La poverina ha ________________ per due giorni!

k L'oca come l'hai fatta? – L'ho ________________ al forno per due ore e mezzo con carote, sedano e cipolla.

l Hai una buona ricetta per il rollè? – Certo! Lo devi ________________ in casseruola con il vino rosso e la salvia. È squisito!

| | |
|---|---|
| **le penne all'arrabbiata** | *Nudeln in einer scharfen Tomatensoße* |
| **la carne** | das Fleisch |
| **calare** | (in das kochende Wasser) schütten |
| **il ragù** | *Fleischsoße* |
| **a fuoco lento** | bei schwacher Hitze |
| **alla griglia** | auf dem Rost |
| **lessare** | sieden |
| **cioè** | das heißt |
| **salato** | gesalzen |
| **la poverina** | die Ärmste |
| **l'oca** | die Gans |
| **il forno** | der Ofen |
| **il sedano** | der Sellerie |
| **la cipolla** | die Zwiebel |
| **il rollè** | der Rollbraten |
| **la casseruola** | der Schmortopf |
| **la salvia** | der Salbei |
| **è squisito** | (er) schmeckt lecker |

## 28 *Prendere* oder *portare*?

Thema ist nun der Unterschied zwischen:
***prendere*** → nehmen, holen, mitnehmen / mitbringen
***portare*** → tragen, bringen, mitnehmen / mitbringen
*Prendere* und *portare* werden zudem in feststehenden Ausdrücken gebraucht. Mehr dazu in der nächsten Übung.

## 3

**Ergänzen Sie mit *prendere* oder *portare*. Verwenden Sie folgende Zeitformen: *infinito, presente, passato prossimo* oder *imperfetto*.**

a Scusa, puoi ____________________ un'altra bottiglia d'acqua in frigorifero?
b Quando vieni, ____________________ la tombola?
c Non passare sotto la scala, ____________________ sfortuna!
d Se vi piace tanto, ve lo potete ____________________ a casa.
e Ieri Giovanni ____________________ una decisione importante.
f Da bambino Mario non ____________________ gli occhiali, ora invece sì.
g Rosa, per piacere, puoi ____________________ via il portacenere? È sporchissimo.
h Bambini, adesso andate in camera vostra a studiare, più tardi (io) vi ____________________ la merenda.
i Nonna, guarda, (noi) ti ____________________ un regalo dalla Grecia. Ti piace?
j Se vai al centro commerciale, non ti devi ____________________ troppi soldi in contanti. Può essere pericoloso.
k (Tu) ____________________ l'appuntamento dal medico? – Sì, è domani, alle dieci.
l Francesca, che fai? – ____________________ a spasso il cane.

**Wie kann man *prendere* und *portare* in den Sätzen e, k und l übersetzen?**

________________________________________

________________________________________

| | |
|---|---|
| **il frigorifero** | der Kühlschrank |
| **la tombola** | *eine Art Bingo* |
| **la scala** | die Treppe, die Leiter |
| **la sfortuna** | das Unglück |
| **la decisione** | die Entscheidung |
| **gli occhiali** | die Brille |
| **il portacenere** | der Aschenbecher |
| **la merenda** | der Snack |
| **il centro commerciale** | das Einkaufszentrum |
| **in contanti** | in bar |
| **pericoloso** | gefährlich |
| **l'appuntamento** | der Termin |

## 29 Nichts wie weg: *Partire, uscire, andare via …*

Hier werden einige der geläufigsten Verben der Bewegung geübt:

- *Andarsene* und *andare via* heißen beide „fortgehen, weggehen". Im Vergleich zu *andare via* besitzt *andarsene* jedoch die größere Ausdruckskraft.
- *Uscire* (= hinausgehen/-fahren, ausgehen/-fahren, verlassen, abkommen) und *partire* (= abreisen/-fahren/-fliegen, verreisen) haben zwar unterschiedliche Bedeutungen, werden aber trotzdem gerne verwechselt.

Achten Sie daher bei der nächsten Übung genau auf den Kontext.

**Kreuzen Sie die richtige Form an.**

| | | |
|---|---|---|
| a | ________ per Londra alle 21.00. | ☐ Vado via<br>☐ Parto |
| b | Non ________ ! È ancora presto. | ☐ te ne andare<br>☐ partire |
| c | Quando ________ per le vacanze? | ☐ uscite<br>☐ partite |
| d | Dov'è Antonio? – ________ un attimo! | ☐ È uscito<br>☐ È partito |
| e | Oggigiorno lo stipendio ________ in un batter d'occhio! | ☐ va via<br>☐ se ne va |
| f | Bene, si ________ ! Allacciate le cinture di sicurezza. | ☐ parte<br>☐ esce |
| g | Professoressa, oggi devo ________ un pochino prima. | ☐ partire<br>☐ andare via |
| h | Mi sono arrabbiato e ________ ! | ☐ me ne sono andato<br>☐ sono partito |
| i | Per arrivare a casa nostra dovete ________ dall'autostrada a Orvieto. | ☐ andare via<br>☐ uscire |
| j | Mi dispiace, Armando, la macchia non ________ dai pantaloni. | ☐ va via<br>☐ se ne va |

k Ho incontrato Sara mentre ________ dall'ufficio.
- ☐ partiva
- ☐ usciva

l Io non ________ quasi mai, preferisco rimanere a casa a leggere un buon libro.
- ☐ esco
- ☐ vado via

| | |
|---|---|
| **presto** | früh |
| **l'attimo** | der Augenblick |
| **oggigiorno** | heutzutage |
| **lo stipendio** | das Gehalt |
| **in un batter d'occhio** | im Nu |
| **allacciare** | anschnallen |
| **la cintura di sicurezza** | der Sicherheitsgurt |
| **arrabbiarsi** | sich ärgern |
| **la macchia** | der Fleck |
| **incontrare** | treffen |
| **mentre** | während |
| **quasi mai** | fast nie |
| **rimanere** | bleiben |

## 30 Gegenteiliges: Verb für Verb

In diesem *cruciverba* geht es um die Gegenteile einiger gebräuchlicher Verben.

**Tragen Sie in das *cruciverba* jeweils das fehlende Gegensatzwort des kursiven Verbs ein.**

**Orizzontali**

3 Massimo mi ha _____ se voglio uscire con lui. – E tu che gli hai *risposto*?
4 I bambini *sono svegli*? – No, _____ ancora.
7 Per poter _____ la macchina nuova, devo prima *vendere* quella vecchia.
9 La lezione è _____ alle dieci ed è *finita* alle undici e mezzo.
10 Per uscire non devi _____ la porta, la devi *tirare*.

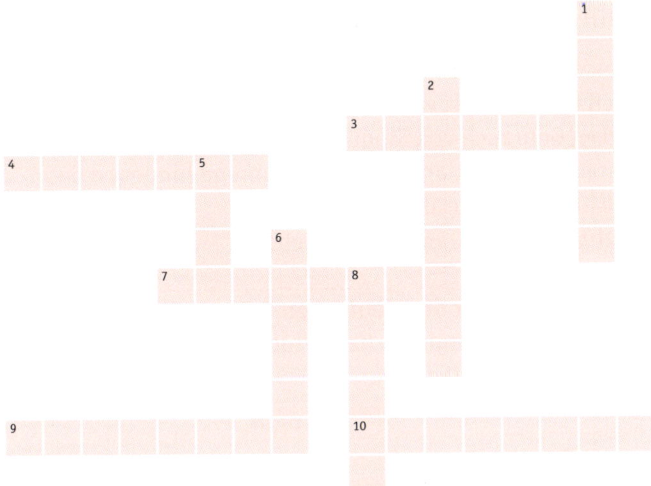


**Verticali**

1 Io *dimentico* facilmente i nomi. – Io invece li _____ senza problemi.
2 Il dolce si è bruciato per la terza volta. Non so se _____ o *ridere*.
5 Marcello Mastroianni è _____ nel 1924 ed è *morto* nel 1996.
6 La finestra è *chiusa*? – No, è _____ .
8 In cucina la luce è _____ o *spenta*?

| | |
|---|---|
| **rispondere** | antworten |
| **essere sveglio** | wach sein |
| **tirare** | ziehen |
| **dimenticare** | vergessen |
| **si è bruciato** | (er) ist angebrannt |
| **ridere** | lachen |
| **morire (morto)** | sterben |
| **spegnere (spento)** | ausschalten |

4

## 31 Überraschungen im Singular und Plural

Im Italienischen gibt es Wörter, die entweder nur im Singular oder nur im Plural gebraucht werden. Doch Vorsicht: Oft weisen die deutschen Entsprechungen einen entgegengesetzten Gebrauch von Singular und Plural auf. „Kleingeld" wird z. B. im Deutschen nur im Singular gebraucht, während hingegen das italienische *gli spiccioli* immer im Plural verwendet wird.
Lassen Sie sich nun von weiteren Fällen überraschen.

**Ordnen Sie die italienischen Wörter den deutschen Entsprechungen zu. Ergänzen Sie auch die fehlenden Singular- bzw. Pluralendungen. Setzen Sie schließlich die dazu passenden Artikel ein.**

| | | | |
|---|---|---|---|
| a | *la* varicell*a* (→ die Windpocken) | ☐ | der Pfeffer |
| b | ___ frutt___ | ☐ | die Haare |
| c | ___ fam___ | ☐ | die Windpocken |
| d | ___ occhial___ | ☐ | die Trauben |
| e | ___ forbic___ | ☐ | die Hochzeit |
| f | ___ set___ | ☐ | die Ferien |
| g | ___ feri___ | ☐ | der Durst |
| h | ___ ris___ | ☐ | das Obst |
| i | ___ gent___ | ☐ | das Geld |
| j | ___ nozz___ | ☐ | der Reis |
| k | ___ dintorn___ | ☐ | die Nudeln |
| l | ___ pep___ | ☐ | die Brille |
| m | ___ rob___ | ☐ | die Hose |
| n | ___ sold___ | ☐ | der Hunger |
| o | ___ capell___ | ☐ | das Zeug |
| p | ___ past___ | ☐ | die Schere |
| q | ___ uv___ | ☐ | die Leute |
| r | ___ pantalon___ | ☐ | die Umgebung |

## 32 Alles in allem: *tutto* und seine Formen

Merken Sie sich für den Umgang mit *tutto* Folgendes:
- *Tutto/-a/-i/-e* entspricht im Deutschen, je nach Kontext, „all-", „ganz" oder „jeder".
- *Tutto/-a/-i/-e* wird – im Gegensatz zum Deutschen – in der Regel von einem Artikel begleitet, wenn es zusammen mit einem Substantiv gebraucht wird:

| | |
|---|---|
| ***Tutte** **le** strade portano a Roma.* | **Alle** Wege führen nach Rom. |
| *Mi fanno male **tutti** e due **i** piedi.* | Mir tun **alle** beide Füße weh. |

**Übersetzen Sie.**

a Mein Vater hat sein ganzes Leben hart gearbeitet.

b Ich rufe dich auf alle Fälle wieder an.

c Wir haben alles gegessen.

d Mario war den ganzen Tag unterwegs.

e Alle haben mir zum Geburtstag gratuliert.

f Wie viel kostet das? – 1.500 Euro, alles inklusive.

g Wir stehen jeden Tag um sieben Uhr auf.

h Hast du die Milch getrunken? – Ja, die ganze.

i Ich habe das ganze Buch in zwei Tagen gelesen.

j Alle drei Kinder von Silvana haben schwarze Haare.

k Sind Rocco und Ettore auf die Party gekommen? – Ja, alle beide.

l Wir gehen also alle zusammen!

m Das ist alles. Ich habe nichts mehr zu sagen.

n Marta und ich treffen uns alle Jahre wieder.

o Ich muss leider alle diese Hemden bügeln!

p Alle meine Freunde fahren in Urlaub, nur ich nicht!

q Ganz im Gegenteil.

r Wann seht ihr fern? – Jeden Abend wenn wir essen.

| | |
|---|---|
| **sodo** | hart |
| **richiamare** | wieder anrufen |
| **il caso** | der Fall |
| **essere in giro** | unterwegs sein |
| **fare gli auguri per il compleanno** | zum Geburtstag gratulieren |
| **compreso** | inklusive |
| **alzarsi** | aufstehen |
| **avere i capelli neri** | schwarze Haare haben |
| **la festa** | die Party |
| **non avere più niente da dire** | nichts mehr zu sagen haben |
| **incontrarsi** | sich treffen |
| **la camicia** | das Hemd |
| **stirare** | bügeln |
| **andare in vacanza** | in Urlaub fahren |
| **il contrario** | das Gegenteil |
| **guardare la televisione** | fernsehen |
| **quando** | wann, wenn |

## 33 Auf „jeden" Fall: *tutto, ogni* oder *ognuno*?

Bevor Sie diese Übung angehen, sollten Sie sich mit der vorangehenden Seite zum Thema *tutto* befasst haben. Denn nun geht es um den feinen Unterschied zwischen *tutto/-a/-i/-e* (jeder, all-, ganz), *ogni* (jeder, all-) und *ognuno* (jeder). Beachten Sie dazu die folgenden Beispiele:

| | |
|---|---|
| ***Ognuno*** *può esprimere la propria opinione.* | **Jeder** darf seine eigene Meinung äußern. |
| *Lo sanno* ***tutti****.* | Das weiß **jeder**. / Das wissen **alle**. |
| ***Ogni*** *anno vado in Inghilterra.* | **Jedes** Jahr fahre ich nach England. |
| ***Tutti*** *gli anni vado in Inghilterra.* | **Jedes** Jahr fahre ich nach England. |
| *Sono stato in Inghilterra* ***tutto*** *l'anno.* | Ich bin das **ganze** Jahr in England gewesen. |
| ***Ogni*** *due anni faccio un viaggio.* | **Alle** zwei Jahre mache ich eine Reise. |
| ***Tutti*** *e due i bambini sono timidi.* | **Alle** beiden Kinder sind schüchtern. |

**Setzen Sie *ogni, ognuno* oder *tutto/-a/-i/-e* (evtl. + Artikel) ein.**

a Fabio va in palestra ______________ due giorni.
b L'autobus passa ______________ dieci minuti.
c Lo dicono ______________ !
d La mia amica Ilaria mi telefona a ______________ ore.
e Signora, deve fare gli esercizi ______________ giorno per mezz'ora.
f Vengo a trovarti in ______________ casi.
g ______________ è artefice del proprio destino.
h Quando devi fare la terapia? – ______________ tre mesi.
i ______________ e tre i professori della commissione erano severissimi.
j ______________ volta che ci incontriamo, Diego mi racconta la stessa storia!
k Tiziana passa ______________ santo giorno a chattare!
l ______________ è responsabile delle proprie azioni.
m ______________ mi hanno chiesto la stessa cosa.
n ______________ di noi ha diritto di essere felice.

| | |
|---|---|
| **la palestra** | *hier* das Fitnessstudio |
| **passare** | *hier* (vorbei)kommen |
| **l'esercizio** | die Übung |
| **venire a trovare** | besuchen |
| **essere artefice del proprio destino** | seines eigenen Glückes Schmied sein |
| **la commissione** | *hier* der Prüfungsausschuss |
| **severo** | streng |
| **incontrarsi** | sich treffen |
| **passare** | *hier* verbringen |
| **santo** | *hier* lieb |
| **chattare** | chatten |
| **responsabile** | verantwortlich |
| **la propria azione** | das eigene Tun |
| **il diritto** | das Recht |
| **felice** | glücklich |

## 34 *Molto*: „viel" und „sehr", das ist nicht schwer

Für „viel" und „sehr" wird im Italienischen *molto* benutzt.
Für den Gebrauch von *molto* sollte man sich aber Folgendes gut merken:

- *Molto* im Sinne von „sehr" heißt immer unverändert *molto*.
- *Molto* im Sinne von „viel" hingegen weist vier Formen auf, wenn es sich auf Substantive bezieht (*molt**o***, *molt**a***, *molt**i***, *molt**e***).

Ein paar Beispiele:

| | |
|---|---|
| *Ho studiato* ***molto****.* | Ich habe **viel** gelernt. |
| *Ho letto* ***molti*** *libr**i**.* | Ich habe **viele** Bücher gelesen. |
| *Sono* ***molto*** *felice.* | Ich bin **sehr** glücklich. |
| *Ti piace? –* ***Molto****!* | Gefällt es dir? – **Sehr**! |
| *Ho mangiato* ***molta*** *frutt**a**.* | Ich habe **viel** Obst gegessen. |
| *Lei scrive* ***molte*** *letter**e**.* | Sie schreibt **viele** Briefe. |

**Verbinden Sie die linke mit der rechten Spalte zu sinnvollen Sätzen oder Mini-Dialogen. Ergänzen Sie dabei *molto* mit der richtigen Endung *-o, -a, -i* oder *-e*.**

a Oggi sono molt___ stanco ...
b Abbiamo molt___ amici ...
c Mamma mia, quanti CD! –
d Ho molt___ fame ...
e La frutta fa molt___ bene ...
f Ti sei divertito al concerto? –
g Ieri abbiamo camminato molt___ ...
h Mimmo ha molt___ paura di volare ...
i Ho mangiato troppe vongole ...
j Violetta è molt___ vanitosa:

1 che vivono all'estero.
2 perché non ho mangiato niente tutto il giorno.
3 perché abbiamo fatto una passeggiata nel bosco.
4 e adesso mi fa molt___ male lo stomaco.
5 È vero, ne ho molt___ !
6 perché contiene molt___ vitamine.
7 perché mi sono alzato molt___ presto.
8 Sì, molt___ . È stato un bello spettacolo.
9 compra sempre molt___ vestiti e molt___ scarpe.
10 da quando ha fatto quella brutta esperienza.

*Violetta è molto vanitosa ...*

| | |
|---|---|
| **quanti** | wie viele |
| **la fame** | der Hunger |
| **divertirsi** | Spaß haben |
| **camminare** | laufen |
| **la paura** | die Angst |
| **la vongola** | die Venusmuschel |
| **vanitoso** | eitel |
| **all'estero** | im Ausland |
| **la passeggiata nel bosco** | der Waldspaziergang |
| **fare male** | *hier* weh tun |
| **lo stomaco** | der Magen |
| **contenere** | enthalten |
| **alzarsi** | aufstehen |
| **lo spettacolo** | die Aufführung |
| **da quando** | seitdem |
| **l'esperienza** | die Erfahrung |

## 35 Die Präpositionen *su* und *con*

Und täglich grüßt die Präposition: Diesmal sind *su* und *con* an der Reihe. *Su* hat eine variable Bandbreite an Bedeutungen, u. a. „auf, über, in, an, um"; während *con* meistens nur „mit" und „bei" bedeutet.

**Setzen Sie *su* oder *con* (evtl. + Artikel) ein.**

a ______ questo caldo non si può lavorare!
b Chi te lo ha detto? – L'ho letto ______ giornale.
c Le scarpe ______ tacchi bassi sono più comode.
d Gioco a calcio ______ miei ex-compagni di scuola.
e Abbiamo preso in affitto una casa ______ mare.
f Sono andati ______ lago Maggiore.
g Stasera vado a cena fuori ______ alcuni colleghi.
h La vera mozzarella si fa ______ latte di bufala.
i Abbiamo pagato ______ carta di credito.
j Vuoi uscire ______ questo tempaccio?

k All'università ho seguito una lezione molto interessante _______ Verga.
l Abbiamo trascorso la settimana bianca _______ Dolomiti.
m Perché non siete saliti _______ torre Eiffel?
n Alba e Modesto hanno fatto un'escursione _______ Etna.
o I pullover _______ scollo a V ti stanno molto bene.
p La nostra cucina dà _______ cortile interno.
q Quanto costa? – Mm, _______ 500 euro.
r Non si passa _______ rosso.
s Deve superare il ponte _______ fiume e poi deve girare a destra.
t Dove sono gli occhiali? – _______ scrivania.

| | |
|---|---|
| **il caldo** | die Hitze |
| **il tacco** | der Absatz |
| **comodo** | bequem |
| **il calcio** | der Fußball (*Sportart*) |
| **il compagno di scuola** | der Schulkamerad |
| **prendere in affitto** | mieten |
| **fuori** | *hier* auswärts |
| **il latte di bufala** | die Büffelmilch |
| **il tempaccio** | das Sauwetter |
| **seguire una lezione** | eine Vorlesung besuchen |
| **Giovanni Verga** | *Schriftsteller (1840 – 1922)* |
| **trascorrere** | verbringen |
| **la settimana bianca** | der Skiurlaub |
| **le Dolomiti** | die Dolomiten |
| **salire** | steigen |
| **l'escursione,** *f* | der Ausflug |
| **lo scollo a V** | der V-Ausschnitt |
| **il cortile interno** | der Innenhof |
| **passare** | *hier* weiterfahren |
| **superare** | vorbeigehen |
| **girare** | *hier* abbiegen |
| **la scrivania** | der Schreibtisch |

## 36 Verben- und Präpositionsroulette!

Das Wichtigste gleich vorweg: bestimmte Verben verlangen bestimmte Präpositionen.
Da der deutsche und der italienische Gebrauch oft nicht übereinstimmen, ist es ratsam, die Verben zusammen mit den Präpositionen zu lernen. Ein Beispiel:
Ich **telefoniere mit** Giorgio. → ***Telefono a*** *Giorgio.*
Deutsche wären natürlich dazu geneigt, *con* zu benutzen: *Telefono ~~con~~ Giorgio.*
Das ist aber falsch!

**Vervollständigen Sie die Sätze mit den unten stehenden Verben und mit der dazu passenden Präposition (evtl. + Artikel).**

ti lamenti ~~ho cominciato~~ ti sei arrabbiato hanno telefonato chiedere spero ringraziare parliamo soffre è innamorato vi siete scusati hai finito

a Da quanto tempo studi l'italiano? – *Ho cominciato a* ______ studiarlo sei mesi fa.
b Perché ______ Francesca? – Ah, guarda, a volte Francesca è insopportabile!
c Ultimamente Maurizio ha sempre la testa fra le nuvole. – Ma come, non lo sai? ______ Gloria!
d Mamma mia, ______ tutto! Dovresti essere più positivo!
e Valerio, ______ riparare la moto? – No, non ancora.
f Devo ______ zio Andrea se domani mi può accompagnare dall'oculista.
g ______ la domestica? Siete stati proprio dei gran maleducati!
h Teo e io abbiamo un rapporto molto aperto. ______ tutto.
i Ha chiamato Nicola, ti voleva ______ regalo. Gli è piaciuto molto.

j Quando hai l'esame? – Domani. Sono nervosissimo, ______________________ superarlo senza problemi.

k Renato e Daniele ______________________ Pietro in ufficio, ma la segretaria ha detto che era fuori sede.

l Bernardo ______________________ una malattia rara.

| | |
|---|---|
| **lamentarsi** | sich beschweren |
| **arrabbiarsi** | sich ärgern |
| **sperare** | hoffen |
| **ringraziare** | sich bedanken |
| **soffrire** | leiden |
| **essere innamorato** | verliebt sein |
| **scusarsi** | sich entschuldigen |
| **insopportabile** | unerträglich |
| **se** | *hier* ob |
| **accompagnare dall'oculista** | zum Augenarzt begleiten |
| **la domestica** | die Putzfrau |
| **gran (grande)** | *hier* sehr |
| **maleducato** | ungezogen |
| **il rapporto** | die Beziehung |
| **il regalo** | das Geschenk |
| **superare** | *hier* bestehen |
| **fuori sede** | nicht am Platz |
| **la malattia rara** | die seltene Krankheit |

## 37 Fünf Verben auf einen Streich!

Die Modalverben „müssen", „sollen", „dürfen", „können" und „wollen" bereiten im Allgemeinen keine großen Schwierigkeiten: „müssen" und „sollen" heißen *dovere*, „dürfen" und „können" bedeuten *potere* (siehe auch Übung 19), „wollen" entspricht *volere*.

Es ist aber wichtig, bei bestimmten Ausdrücken einige unterschiedliche Anwendungen dieser Verben in beiden Sprachen zu beachten. Das ist das Ziel der nächsten Übung.

# 4

**Verbinden Sie die links stehenden deutschen Sätze mit den italienischen Entsprechungen. Vervollständigen Sie dann, wo nötig, die italienischen Sätze mit den unten stehenden Angaben.**

preferisce andare (2×) vanno è possibile stavamo farci dovrebbe devo sa è permesso non

| | | | |
|---|---|---|---|
| a | Ich will nicht heim! | 1 | I signori desiderano? |
| b | Zu wem wollen Sie? | 2 | Veramente ___________ per mangiare. |
| c | Das dürfte reichen. | 3 | Tania ___________ rimanere qui. |
| d | Vilma kann nicht Ski fahren. | 4 | Può darsi. |
| e | Ich kann nichts dafür. | 5 | Non voglio ___________ a casa! |
| f | In öffentlichen Gebäuden darf nicht geraucht werden. | 6 | Non ___________ ! / Non può essere vero! |
| g | Tania will lieber hier bleiben. | 7 | Questo ___________ bastare. |
| h | Man muss sich damit abfinden. | 8 | Bisogna rassegnarsi. |
| i | Es kann sein. / Es mag sein. | 9 | Chi desidera? |
| j | Du sollst nicht lügen. | 10 | Nei locali pubblici non ___________ fumare. |
| k | Die Teller müssen dahin. | 11 | Non posso ___________ niente. |
| l | Das darf doch nicht wahr sein! | 12 | Vilma non ___________ sciare. |
| m | Wo müssen wir hin? | 13 | ___________ andare al gabinetto / bagno. |
| n | Was darf es sein, meine Herren? | 14 | ___________ dire bugie. |
| o | Ich muss mal. / Ich muss austreten. | 15 | I piatti ___________ (messi) lì. |
| p | Eigentlich wollten wir gerade essen. | 16 | Dove dobbiamo ___________ ? |

**Und nun prägen Sie sich die italienischen Sätze ein, indem Sie die italienische Spalte abdecken und die deutschen Sätze ins Italienische zu übersetzen versuchen.**

## 38 Alle für einen, einer für alle! „brauchen“

Das Verb „brauchen“ hat im Italienischen viele Entsprechungen:
*occorrere, servire, avere bisogno (di), volerci, metterci*

Umso erstaunlicher ist es, dass man in diesem Fall im Deutschen mit nur einem Wort auskommt. Jedoch verlangt es einige Übung, sich einzuprägen, wann und wie welches italienische Wort für „brauchen“ zu verwenden ist. Die folgende Übung hilft Ihnen dabei.

**Kreuzen Sie die richtige Form an.**

a Vado al supermercato. Ti ________ qualcosa?
- ☐ occorre
- ☐ occorrono

b Il treno ci ________ dodici ore.
- ☐ vuole
- ☐ mette

c Questo arnese mi ________ per aggiustare la bicicletta.
- ☐ vuole
- ☐ serve

d Non mi ________ niente.
- ☐ serve
- ☐ ho bisogno

e Lina deve mettere in valigia tutto quello che le ________ per il viaggio.
- ☐ vuole
- ☐ occorre

f Per fare campeggio ci ________ due materassini, una tenda canadese, due zaini grandi …
- ☐ mettono
- ☐ occorrono

g La tua lettera ci ________ un mese ad arrivare.
- ☐ è voluta
- ☐ ha messo

h Per sposarvi in un'altra chiesa ________ del nullaosta del vescovo.
- ☐ avete bisogno
- ☐ vi occorre

i Per la crostata ci ________ una buona marmellata fatta in casa.
- ☐ mette
- ☐ vuole

| | | |
|---|---|---|
| j | Da Roma a Napoli in macchina ci ________ circa due ore. | ☐ vuole<br>☐ vogliono |
| k | Per fare bungee jumping ci ________ coraggio. | ☐ vuole<br>☐ abbiamo bisogno |
| l | Mi potresti prestare questi due libri? – Sì, tanto adesso non mi ________ . | ☐ serve<br>☐ servono |
| m | Di che ________ ? | ☐ vi servono<br>☐ avete bisogno |
| n | In aereo loro ci ________ tre ore. | ☐ hanno messo<br>☐ sono servite |
| o | In treno ci ________ dodici ore. | ☐ vogliono<br>☐ mette |
| p | ________ di aiuto e allora ho telefonato al mio amico Nello. | ☐ Mi è servito<br>☐ Avevo bisogno |

| | |
|---|---|
| **l'arnese** | das Werkzeug |
| **aggiustare** | reparieren |
| **la valigia** | der Koffer |
| **fare campeggio** | campen |
| **il materassino** | *hier* die Luftmatratze |
| **la tenda canadese** | das Zwei-Mann-Zelt |
| **lo zaino** | der Rucksack |
| **sposarsi** | heiraten |
| **il nullaosta** | die Genehmigung |
| **il vescovo** | der Bischof |
| **la crostata** | *Mürbeteigkuchen* |
| **il coraggio** | der Mut |
| **prestare** | leihen |
| **tanto** | *hier* sowieso |

## 39 Mietsachen: *affittare* und *noleggiare*

Auch das deutsche Verb „mieten" hat mehr als nur eine italienische Entsprechung. Es werden hauptsächlich *affittare* und *noleggiare* benutzt. Dabei gilt es zu beachten: *affittare* wird für unbewegliche Güter verwendet, *noleggiare* hingegen für bewegliche Güter.

**Ergänzen Sie mit *affittare* oder *noleggiare* in der passenden Zeitform.**

a Devo andare al matrimonio della mia amica Rossella. Non vorrei comprare, però, un abito nuovo ... – Io conosco un negozio dove si possono ____________ abiti da cerimonia.

b Prima il mio papà ____________ sempre un tagliaerba presso un'azienda vicino a casa nostra, ora invece ha deciso di comprarne uno, semmai usato.

c I miei amici e io ci incontriamo, una volta al mese, per giocare a pallavolo. ____________ una palestra in un edificio scolastico. La tariffa è di 18 euro l'ora.

d Due anni fa i signori Müller hanno trascorso le vacanze in Italia. ____________ un bilocale in un tipico podere della campagna toscana, con piscina e cavalli.

e Peppe e Oscar hanno organizzato una festa a casa loro. Lo stereo ce l'avevano, ma le casse erano troppo piccole. Quindi, per quell'occasione, (loro) ____________ delle casse più grandi e un amplificatore.

f Siete mai stati in Svezia? Lì, l'anno scorso, noi ____________ uno chalet in un villaggio, per due settimane. Naturalmente ci eravamo rivolti a un tour operator specializzato sulla Svezia.

g Dovrei lavare la moquette della camera da letto e del salotto. – Ah, sai, due mesi fa mia zia ____________ un lavamoquette per un giorno e ha pagato 59 euro.

# 4

h Cristiano è andato in vacanza in Sicilia con due amici. (Loro) ____________________ una barca a vela.

i Ho scoperto un portale dove si possono vendere, comprare o ____________________ appartamenti.

j Lo sapevi che è possibile ____________________ DVD on line? Si paga un canone mensile di circa 16 euro. I DVD ti arrivano a casa entro 48 ore e li puoi tenere tutto il tempo che vuoi.

| | |
|---|---|
| **il matrimonio** | die Hochzeit |
| **l'abito da cerimonia** | das Festkleid |
| **il tagliaerba** | der Rasenmäher |
| **l'azienda** | die Firma |
| **semmai** | eventuell |
| **la pallavolo** | der Volleyball *(Sportart)* |
| **la palestra** | die Turnhalle |
| **l'edificio scolastico** | das Schulgebäude |
| **il bilocale** | die Zwei-Zimmer-Wohnung |
| **il podere** | das Landgut |
| **la piscina** | das Schwimmbad |
| **il cavallo** | das Pferd |
| **lo stereo** | die Stereoanlage |
| **la cassa** | die Lautsprecherbox |
| **l'amplificatore,** *m* | der Verstärker |
| **rivolgersi a** | sich wenden an |
| **la moquette** | der Teppichboden |
| **la camera da letto** | das Schlafzimmer |
| **il salotto** | das Wohnzimmer |
| **il lavamoquette** | der Teppichbodenreiniger |
| **la barca a vela** | das Segelboot |
| **il canone mensile** | die monatliche Gebühr |
| **entro** | binnen |

## 40 Frage und Antwort: *Che ora è? …*

… *È l'ora di ieri a quest'ora*. Es ist genau so spät wie gestern um dieselbe Zeit: ein beliebter Spruch unter scherzenden Jugendlichen. Wie man aber ernsthafte und sinnvolle Antworten geben kann, damit befassen wir uns in der nächsten Übung.

**Bilden Sie Satzpaare: Frage und Antwort.**

a ~~Che ora è?~~
b Da quanto tempo vivi in Italia?
c Perché non ti siedi?
d Vi posso offrire qualcosa da bere?
e Come mai hai cominciato a studiare l'italiano?
f Quanti anni hai?
g Scusi, mi sa dire dov'è la stazione?
h Vuole ordinare?
i È possibile avere la colazione in camera?
j Buongiorno, vorrei parlare con il Dottor Ferrari?
k Mi dà sei coscette di pollo, per cortesia?
l Hai finito di fare i compiti?

☐ No, grazie. Abbiamo appena preso un caffè.
a ~~Sono le nove meno cinque.~~
☐ Diciannove.
☐ Devo ancora fare la versione.
☐ Da nove anni.
☐ Un attimo, Glielo passo.
☐ Allora, per primo prenderei un risotto alla milanese …
☐ Oh, mi dispiace, sono finite.
☐ Mi dispiace, non sono di qui.
☐ Perché la mia ragazza è di Verona.
☐ Preferisco stare in piedi.
☐ Certo, signora. Lo annoto immediatamente.

| | |
|---|---|
| **annotare** | notieren |
| **appena** | gerade |
| **i compiti** | die Hausaufgaben |
| **la coscetta di pollo** | der Hünchenschlegel |
| **immediatamente** | unverzüglich |
| **passare** | *hier* verbinden |
| **il risotto alla milanese** | *Reisgericht nach Mailänder Art* |
| **stare in piedi** | stehen |
| **la versione** | *hier* die Übersetzung |

5

## 41 Konsonanten: Doppelt gemoppelt!

Ist Ihnen das auch schon passiert? Manchmal macht ein einziger Buchstabe einen großen Unterschied. Ein Beispiel: *palla* heißt „Ball", *pala* hingegen „Schaufel". Lernen Sie also Einzel- von Doppelkonsonanten gut zu unterscheiden.

**Vervollständigen Sie die Sätze mit den unten stehenden Wörtern.**

sono cassa corro rosse cappelli tutta coppia sanno tuta
rose casa sano coro sete sette copia sonno capelli

a ____________ molto stanco. Quasi quasi vado a letto.
b Questo articolo è veramente interessante. Me ne fai una ____________ ?
c Hai già ____________ ? Ma come è possibile? Oggi pomeriggio hai dormito due ore!
d Per San Valentino il mio fidanzato mi ha regalato quindici ____________ ____________ !
e Ho ____________ . Mi puoi dare un bicchiere d'acqua, per favore?
f Mia figlia canta nel ____________ della chiesa.
g Ma come, non lo sapevi che Sergio e Letizia si sono lasciati? Lo ____________ tutti!
h Ida si è iscritta a un corso di spinning e ha bisogno di una ____________ da ginnastica.

i Hai mangiato ____________ la torta? Non me ne hai lasciato nemmeno una fetta? Ingordo!

j Oddio, sono le ____________ . È tardi, devo andare!

k Mirna è una bella ragazza: ha i ____________ neri e gli occhi azzurri.

l Fai sport? – Faccio jogging, cioè ____________ .

m Io sono ____________ come un pesce: non ho l'influenza, non ho il raffreddore e nemmeno il mal di gola.

n Ieri abbiamo invitato una ____________ di amici a cena. È stata una bella serata.

o A ____________ di Bruno, in cantina, abbiamo trovato una vecchia ____________ piena di vecchi dischi a 45 giri e a 33 giri.

p Ti piacciono i ____________ ? – In realtà non mi piacciono, ma li porto quando fa freddo.

| | |
|---|---|
| **quasi quasi** | *hier etwa* besser |
| **il fidanzato** | der Verlobte |
| **regalare** | schenken |
| **la chiesa** | die Kirche |
| **lasciarsi** | sich trennen |
| **iscriversi** | sich anmelden |
| **lasciare** | *hier* übrig lassen |
| **la fetta** | *hier* das Stück |
| **ingordo!** | *hier* Vielfraß! |
| **l'influenza** | die Grippe |
| **il raffreddore** | der Schnupfen |
| **nemmeno** | auch nicht |
| **il mal di gola** | die Halsschmerzen |
| **la cantina** | der Keller |
| **il disco a 45 / 33 giri** | die Single / LP |
| **in realtà** | in Wirklichkeit |

## 42 Italienisch für Besitzer: *mio, tuo, suo …*

*Quello che è tuo è mio e quello che è mio è mio* sagt man scherzhaft in Italien zum Thema „Besitz". Um Besitzverhältnisse auszudrücken, benutzt man die besitzanzeigenden Fürwörter *mio, tuo, suo, nostro, vostro, loro*. Diese werden im Italienischen und im Deutschen aber nicht immer gleich gebraucht. Die folgenden Beispiele zeigen Ihnen die Hauptunterschiede:

| | |
|---|---|
| ***La mia*** *amica si chiama Vera.* | **Meine** Freundin heißt Vera. |
| *Venite a casa* ***nostra*** *una volta!* | Kommt einmal zu uns nach Hause! |
| *Nando abita ancora con i genitori.* | Nando wohnt immer noch bei **seinen** Eltern. |
| ***Suo*** *fratello è ingegnere.* | **Sein** / **Ihr** Bruder ist Ingenieur. |
| *Ho gli occhi neri.* | Ich habe schwarze Augen. / **Meine** Augen sind schwarz. |

**Übersetzen Sie.**

a Seine Schwester arbeitet als Verkäuferin in einem Kaufhaus.

b Roberto geht es heute nicht gut. Sein Bauch tut ihm weh.

c Wollen wir zu mir nach Hause gehen?

d Mein Vater ist mit seinen Eltern nach Rom gezogen, als er 13 war.

e Deine Beine sind sehr lang.

f Euretwegen habe ich 10.000 Euro verloren!

g Mein Kopf tut mir so weh! Hast du zufällig ein Aspirin?

h Sie haben ihre Meinung geändert.

i Zieh deine Jacke aus und häng sie dorthin.

j Cinzia hat viel Glück. Ihre Schwiegereltern helfen ihr sehr.

k Du hast wohl meine Gedanken gelesen!

l Dir zu Ehren habe ich heute Abend meine wertvollste Weinflasche aufgemacht.

m Ihr müsst eure Mäntel anziehen.

n Ich bin bei einem Freund von mir.

| | |
|---|---|
| **la commessa** | die Verkäuferin |
| **il grande magazzino** | das Kaufhaus |
| **far male** | weh tun |
| **la pancia** | der Bauch |
| **si è trasferito** | *hier* er ist gezogen |
| **quando** | als |
| **la gamba** | das Bein |
| **a causa ...** | ...wegen |
| **la testa** | der Kopf |
| **per caso** | zufällig |
| **cambiare idea** | die Meinung ändern |
| **togliere** | ausziehen |
| **appendere** | hängen |
| **essere fortunato** | Glück haben |
| **i suoceri** | die Schwiegereltern |
| **leggere nel pensiero** | Gedanken lesen |
| **l'onore** | die Ehre |
| **pregiato** | wertvoll |
| **il cappotto** | der Mantel |
| **mettere** | anziehen |

## 43 Pronomen zu verschenken: *mi, a me, ti, con te, gli, da lui ...*

Wann verwendet man *mi*, wann *a me*? *Mi* kann sowohl *mir* als auch *mich* heißen, *a me* heißt ebenfalls *mir* ... Eine Übersetzung der Pronomen „eins zu eins" ist nicht immer möglich. Da es nicht ganz einfach ist, sich die Pronomen einzuprägen, ist es um so wichtiger, sie oft zu üben ... bis man alle möglichen Fälle verinnerlicht hat.

**Kreuzen Sie die richtige Form an (Mehrfachnennungen sind möglich!).**

| | | | | |
|---|---|---|---|---|
| a | Lucia si è licenziata. _______ questa cosa sembra molto strana. | ☐ Le | ☐ Mi | ☐ A me |
| b | _______ sembra impossibile che Lucia si sia licenziata. | ☐ Me | ☐ Mi | ☐ A me |
| c | Vado _______ a cena. | ☐ lui | ☐ da lui | ☐ lo |
| d | Andiamo a cinema stasera. Vieni _______ ? | ☐ con noi | ☐ a noi | ☐ ci |
| e | _______ piace la pasta al pomodoro con il basilico fresco. | ☐ Ci | ☐ A noi | ☐ Noi |
| f | Rossella è una ragazza simpatica. _______ incontro ogni mattina alla fermata dell'autobus. | ☐ Le | ☐ La | ☐ Con lei |
| g | Io non _______ sento molto bene oggi. | ☐ mi | ☐ me | ☐ ti |
| h | Che cosa _______ avevo detto? Il governo è caduto di nuovo! | ☐ ve | ☐ vi | ☐ voi |
| i | _______ abbiamo telefonato ma non c'era. | ☐ Con lui | ☐ Gli | ☐ Lui |
| j | Pietro lavora alle poste. _______ conosco da anni. | ☐ Lo | ☐ Lui | ☐ A lui |
| k | _______ ho chiesto un favore ed è stata molto disponibile. | ☐ La | ☐ Gli | ☐ Le |

| | | | | |
|---|---|---|---|---|
| l | Mi sono fidato ________ ed è stato un grave errore! | ☐ gli | ☐ di loro | ☐ a loro |
| m | Barbara non vuole uscire ________ . | ☐ con lui | ☐ da lui | ☐ a lui |
| n | Perché hai aiutato proprio ________ ? | ☐ noi | ☐ a noi | ☐ ci |

| | |
|---|---|
| **licenziarsi** | kündigen |
| **sembrare** | scheinen |
| **la fermata** | die Haltestelle |
| **il governo** | die Regierung |
| **cadere** | stürzen |
| **di nuovo** | schon wieder |
| **le poste** | das Postamt |
| **chiedere un favore** | um einen Gefallen bitten |
| **disponibile** | hilfsbereit |
| **fidarsi** | vertrauen |
| **grave** | schwerwiegend |
| **proprio** | gerade |

## 44 Gut, besser, der Beste!

Nun geht es um die gesteigerten Formen des Adjektivs *buono* und des Adverbs *bene*:
*buono* (gut) → *più buono / migliore* (besser), *il più buono / il migliore* (der beste)
*bene* (gut) → *meglio* (besser)

Beachten Sie dazu folgende Anmerkungen:
- Die Adjektive *più buono* und *migliore* beziehen sich immer auf Personen oder Substantive, das Adverb *meglio* hingegen nicht.
- Anders als die regelmäßigen Formen *più buono / il più buono*, werden die unregelmäßigen Formen *migliore* und *il migliore* häufig bei abstrakten, übertragenen Bedeutungen gebraucht.

# 5

**Ergänzen Sie mit den Adjektiven *(il) più buono* und / oder *(il) migliore* in der richtigen Form sowie mit dem Adverb *meglio*.**

a Gli studenti *migliori* riceveranno un libro in premio.
b Questo è il vino ______________ che abbia mai bevuto.
c Questo apriscatole funziona ______________ di quello.
d Io studio ______________ con la radio accesa.
e Questa marca di pomodori pelati è ______________ di quella.
f Fabrizio si è comportato nel modo ______________ .
g È ______________ tornare a casa perché sta cominciando a piovere.
h Tra i miei collaboratori Giancarlo è ______________ .
i Come ti senti? – Oggi sto ______________ .
j Non sarebbe ______________ rivolgersi a un'agenzia di viaggi?
k Prendi queste, sono ______________ .
l Ultimamente gli affari stanno andando ______________ .

| | |
|---|---|
| **ricevere** | bekommen, erhalten |
| **il premio** | der Preis |
| **che abbia mai bevuto** | den ich je getrunken habe |
| **l'apriscatole,** *m* | der Dosenöffner |
| **acceso** | angeschaltet, an |
| **i pomodori pelati** | die geschälten Tomaten |
| **comportarsi** | sich benehmen |
| **il modo** | die Art |
| **sta cominciando** | *hier* es fängt gerade an |
| **il collaboratore** | der Mitarbeiter |
| **rivolgersi a** | sich wenden an |
| **l'agenzia di viaggi** | das Reisebüro |
| **ultimamente** | in letzter Zeit |
| **gli affari** | die Geschäfte |

## 45 Eine Schublade voller Präpositionen: *di, a, da, in, con ...*

Jetzt üben Sie nochmals alle bisher behandelten Präpositionen, dieses Mal aber wild gemischt!
Bevor Sie diese Seite angehen, sollten Sie sich bereits mit den Übungen 4, 5, 15, 16, 25, 35 und 36 beschäftigt haben.

**Setzen Sie *di, a, da, in, con, su, per, fra / tra* ein, wo nötig mit dem bestimmten Artikel.**

a ______ dove sei? – Io sono ______ Genova, e tu?
b Ieri, ______ bar, ho incontrato Sergio.
c Il pullover lo preferisce ______ spina di pesce o ______ tinta unita?
d ______ capodanno vogliamo andare ______ ballare ______ una discoteca.
e Il tuo cellulare l'ho messo ______ cassetto ______ scrivania.
f ______ dove venite? – Veniamo ______ Siracusa.
g ______ un anno Luigi e Carmela si trasferiscono ______ Barcellona, ______ Spagna.
h Vado ______ ufficio ______ macchina.
i Le spediremo la merce ______ posta al più presto.
j Domenica scorsa siamo andati ______ dormire ______ mezzanotte.
k ______ che ora ti alzi? – ______ sei e mezza.
l ______ prossima settimana comincia una nuova telenovela.
m ______ chi stavi parlando? – Non sono fatti tuoi!
n Pietro vuole andare ______ ottico ______ comprarsi un paio di occhiali.
o Dove abitate? – Noi abitiamo ______ Puglia, ______ Lecce.
p Dov'è Mimma? – ______ una sua amica a studiare.
q Vorrei vedere quella camicetta ______ seta che è in vetrina.
r A Susanna serve una tuta ______ sci.
s Facciamo le salsicce ______ patate? – Sì, però le salsicce le cuociamo ______ griglia!
t Avete finito ______ mangiare cioccolatini? E basta adesso!
u Quando arrivate? – ______ tre e le quattro.
v Per caso hai visto i miei guanti in giro? – Sono ______ poltrona.
w Adoro i maglioni ______ girocollo.
x Abbiamo visitato una mostra ______ futurismo.

| | |
|---|---|
| **la spina di pesce** | die Fischgräte |
| **la tinta** | die Farbe |
| **il capodanno** | Neujahr |
| **il cassetto** | die Schublade |
| **trasferirsi** | umziehen |
| **la merce** | die Ware |
| **Non sono fatti tuoi!** | Das geht dich nichts an! |
| **l'ottico** | der Optiker |
| **la camicetta** | die Bluse |
| **la seta** | die Seide |
| **la vetrina** | das Schaufenster |
| **la tuta** | *hier* der Anzug |
| **la salsiccia** | die Wurst |
| **il cioccolatino** | die Praline |
| **per caso** | zufällig |
| **il guanto** | der Handschuh |
| **in giro** | *hier* herumliegen |
| **la poltrona** | der Sessel |
| **il girocollo** | der Rundausschnitt |

## 46 Sein oder nicht sein? Die Verben *essere* und *stare*

Obwohl *essere* und *stare* hauptsächlich mit „sein" übersetzt werden, unterscheiden sich beide Verben erheblich. Nur wenn „sein" im Sinne von „sich befinden / liegen" gebraucht wird, sind sie austauschbar. In der folgenden Übung erfahren Sie noch mehr über die Ähnlichkeiten und Unterschiede von *essere* und *stare*.

**Ergänzen Sie mit *essere* und / oder *stare* in der Präsensform.**

a I bambini ________________ a scuola.
b Mm, questi tortellini ________________ buonissimi.
c La mamma ________________ preparando un dolce.
d Oggi ________________ a casa e non vado all'ufficio perché ________________ malato.
e Com'________________ la ragazza di Gianluca? – Molto carina.

f Ma dove _________________ le mie pantofole?!
g Wanda _________________ malissimo perché si è separata dal marito.
h Che fate? – _________________ per uscire. Perché?
i Ieri sera loro _________________ tornati a casa dopo mezzanotte.
j Il nonno _________________ in giardino con i nipoti.
k Guarda che questa _________________ la mia borsa.
l Come mi _________________ questi stivali? – Molto bene!
m Lo sai che Bernardo e Nadia _________________ insieme?
n Che ore _________________? – _________________ le tre meno un quarto.

| | |
|---|---|
| **il dolce** | *hier* der Kuchen |
| **la ragazza** | *hier* die Freundin |
| **carino** | hübsch |
| **la pantofola** | der Hausschuh |
| **separarsi** | sich trennen |
| **il marito** | der Ehemann |
| **il nonno** | der Opa |
| **il nipote** | *hier* das Enkelkind |
| **lo stivale** | der Stiefel |
| **insieme** | zusammen |

## 47 Verben zum „abholen"

Für das deutsche Verb „abholen" gibt es im Italienischen folgende Entsprechungen:

– *Andare a prendere* oder *venire a prendere* verwendet man für Personen. Die Wahl zwischen den beiden Verben hängt dabei von der Perspektive des Sprechers oder des Zuhörers ab:

| | |
|---|---|
| *Oggi mi **è venuta a prendere** mia nonna a scuola.* | Heute hat mich meine Oma von der Schule abgeholt. |
| *Chi può **andare a prendere** la zia all'aeroporto domani?* | Wer kann die Tante morgen am Flughafen abholen? |

– *Ritirare* (oder evtl. auch *andare a prendere*) benutzt man für Gegenstände:

| | |
|---|---|
| *Devo ritirare un pacco.* | Ich muss ein Paket abholen. |

# 5

**Ergänzen Sie mit *andare a prendere, venire a prendere* oder *ritirare* in der richtigen Verbform.**

a Nonna, chi ti ______________________ alla stazione ieri sera? Ugo?
b Rita, ______________________ la raccomandata?
c Di solito, a che ora ______________________ Suo figlio all'asilo?
d Teresa, mi potresti ______________________ ? Sono dall'estetista.
e Fabio, potresti ______________________ Gemma? È a casa di Dario.
f Quando lavoravo a tempo pieno, accompagnavo mio figlio dai miei suoceri la mattina presto e lo ______________________ il pomeriggio verso le quattro.
g Arrivo un po' più tardi perché devo ancora ______________________ i vestiti in lavanderia.
h Ti ______________________ noi, se ci dici esattamente a che ora arrivi.
i Ehi, Maria, dove vai? – Sto ______________________ Sergio al porto. È andato a Procida.
j Mamma, mi puoi dare le chiavi della macchina? ______________________ due amici. Vogliamo andare insieme al cinema, stasera.
k Siete tornati a casa a piedi? Non ci credo! – E invece sì. Non ci ______________________ nessuno.
l Dove sono mamma e papà? – ______________________ Attilio che è andato a studiare da un compagno.

| | |
|---|---|
| **la raccomandata** | das Einschreiben |
| **di solito** | gewöhnlich |
| **il figlio** | der Sohn |
| **l'asilo** | der Kindergarten |
| **l'estetista** | die Kosmetikerin |
| **lavorare a tempo pieno** | Vollzeit arbeiten |
| **i suoceri** | die Schwiegereltern |
| **la lavanderia** | die Wäscherei |
| **il porto** | der Hafen |
| **le chiavi** | die Schlüssel |
| **a piedi** | zu Fuß |
| **e invece sì** | *hier* doch |

## 48 „Stellen“, „legen“ und „setzen“: Die Italiener tun sich leichter!

Egal ob Sie im Deutschen „stellen“, „legen“ oder „setzen“ sagen wollen, im Italienischen liegen Sie in vielen Fällen mit dem Gebrauch des Verbs *mettere* richtig. Aber Vorsicht: nicht immer! Denn bei einigen deutschen Ausdrücken mit „stellen“, „legen“ oder „setzen“ wird im Italienischen nicht *mettere* verwendet. Lernen Sie einige davon in der nächsten Übung kennen.

**Verbinden Sie die linke mit der rechten Spalte zu sinnvollen Sätzen.**

a All'esame il professore mi ...
b Non riesco a concentrarmi. Potresti ...
c Lia è andata dal parrucchiere che ...
d Per brindare a voi, miei cari, stasera ...
e Massimiliano è molto testardo. Quando ...
f Qui dentro fa un freddo cane. Si potrebbe ...
g Mio cugino è gentilissimo. Se vai da lui, ...
h Ci siamo potuti comprare una casa perché ...

1 le ha fatto la messa in piega.
2 avevamo messo da parte un gruzzoletto.
3 si mette in testa qualcosa, non lo ferma nessuno!
4 ha posto una domanda a cui non ho saputo rispondere.
5 aumentare il riscaldamento?
6 abbassare il volume della radio, per favore?
7 ho messo in fresco una bottiglia di champagne.
8 si mette a disposizione e ti risolve il problema.

**Tragen Sie jetzt die italienischen Ausdrücke bzw. Verben neben die deutschen Entsprechungen ein.**

| | |
|---|---|
| ______________ | kalt stellen |
| ______________ | beiseite legen |
| ______________ | eine Frage stellen |
| ______________ | sich etw. in den Kopf setzen |
| ______________ | sich zur Verfügung stellen |
| ______________ | leiser stellen |
| ______________ | das Haar legen |
| ______________ | höher stellen |

| | |
|---|---|
| **brindare** | anstoßen |
| **testardo** | stur |
| **un freddo cane** | eine Hundekälte |
| **il gruzzoletto** | ein Sümmchen |
| **risolvere** | lösen |

## 49 Borgen bringt Sorgen

*Chi presta perde l'amico ... e il denaro.* Wer Geld verleiht, verliert den Freund und das Geld. Das ist nicht nur in Italien eine bittere Wahrheit.
Für „verleihen", „ausleihen", „leihen", „borgen" verwendet man im Italienischen das Verb *prestare*. Möglich ist auch der Ausdruck *dare in prestito*. *Farsi prestare* oder *prendere in prestito* heißen hingegen „sich leihen" oder „sich borgen".

**Üben Sie sich im Ausdruck. Wandeln Sie die Sätze nach folgenden Mustern um.**

Anna mi ha dato in prestito un libro.
*Anna mi ha prestato un libro.*

Lui ha preso in prestito un CD di Rocco.
*Lui si è fatto prestare un CD da Rocco.*

a La banca ci ha dato in prestito 20.000 euro.

______________________________

b Ho preso in prestito il computer di papà.

______________________________

c Da chi hai preso in prestito il trapano?

______________________________

d Non prenderemmo mai in prestito la Ferrari di Silvio!

e Il mio amico Vito mi dà sempre in prestito il suo fucile da caccia.

f Hanno potuto darti in prestito il loro appartamento per una settimana.

g Vi dava sempre in prestito la sua macchina fotografica.

h Ogni lunedì Flora prende in prestito il motorino di Manlio.

i Che cosa avete preso in prestito da Iolanda?

j Prima non ti davo in prestito mai niente.

| | |
|---|---|
| **il trapano** | der Bohrer |
| **il fucile da caccia** | das Jagdgewehr |
| **la macchina fotografica** | der Fotoapparat |
| **il motorino** | das Moped |

## 50 Falsche Freunde

*I confetti erano buonissimi* ... Wie bitte? Essen die Italiener Papier? Natürlich nicht. Das Missverständnis liegt in der unterschiedlichen Bedeutung des Wortes *confetti*: Im Deutschen steht „Konfetti" für Papierschnipsel, im Italienischen bezeichnet es ein Zuckerkonfekt. Dieses Phänomen – ähnliches Wort / unterschiedliche Bedeutung – nennt man falsche Freunde. Und derer gibt es viele ... Viel Spaß beim Auffinden!

Übrigens: Noch mehr falsche Freunde finden Sie in Übung 89.

# 5

**Im Kasten – waagrecht bzw. senkrecht – sind 24 italienische Wörter versteckt. Finden und ordnen Sie sie ihren deutschen Entsprechungen zu.**

| C | O | N | F | E | T | T | I | V | D | S | U | O | R | A | P | I | D |
|---|---|---|---|---|---|---|---|---|---|---|---|---|---|---|---|---|---|
| O | F | F | R | I | R | E | S | E | M | P | A | T | E | N | T | E | I |
| R | I | S | C | I | A | R | P | A | C | E | T | A | S | C | A | B | R |
| I | L | A | D | I | T | T | A | F | F | N | O | T | A | K | G | V | E |
| A | F | F | A | R | E | A | Y | T | I | D | I | T | I | U | L | O | T |
| N | O | N | N | E | L | G | S | B | R | E | V | E | T | T | I | T | T |
| D | I | R | I | G | E | N | T | E | M | R | O | G | A | L | A | O | O |
| O | M | V | I | T | A | E | G | H | A | E | B | O | R | S | A | T | R |
| L | A | M | E | T | T | A | P | A | E | S | S | C | I | A | L | L | E |
| I | E | M | S | A | C | C | O | O | F | F | G | I | A | C | C | A | A |

______________ Nonne
______________ Großmütter
______________ Konfetti
______________ Zuckerkonfekt
______________ Dirigent
*d'orchestra*
______________ Betriebsleiter
______________ Patente
______________ Führerschein
______________ Schultertuch
______________ Schal
______________ Geschäft
______________ Firma
______________ Sakko

______________ Sack, Haufen
______________ Taille
______________ Kleidergröße
______________ (Schul-)Note
______________ Anmerkung, Note
______________ (Hand-)Tasche
______________ (Kleidungs-) Tasche
______________ (Rasier-)Klinge
______________ spendieren
______________ ausgeben
______________ Unterschrift

## 51 „Fremd"-sprachiges Italienisch: *Questo è chic, quello è kitsch.*

Wie andere Sprachen auch, ist das Italienische reich an Fremdwörtern.
Für einige gibt es italienische Synonyme, für andere nicht. Wenn man kein italienisches Wort zur Verfügung hat, das Fremdwort aber auch nicht verwenden will, dann bleibt nur die Umschreibung. Das ist das Thema der nächsten Übung.

**Tragen Sie in das *cruciverba* die Fremdwörter ein, die den unten stehenden italienischen Ausdrücken bzw. Erklärungen entsprechen.**

**Orizzontali**

1 Tensione nervosa.
4 Negozio elegante (d'abbigliamento).
6 Di cattivo gusto.
8 La Rete.
11 Elegante.
12 Persona importante del mondo politico, artistico, sportivo.
13 Accessorio del computer: in inglese significa "topo".

**Verticali**

1 Esercizi per sviluppare le capacità motorie.
2 Pantaloni di cotone molto resistente, in genere blu.
3 Panciotto.
5 Società che fornisce l'accesso alla rete Internet.
6 Salsa dolce o piccante a base di pomodoro, aceto e spezie.
7 Passatempo.
9 Opera cinematografica.
10 Vasca piccola e bassa usata per lavarsi le parti intime del corpo.

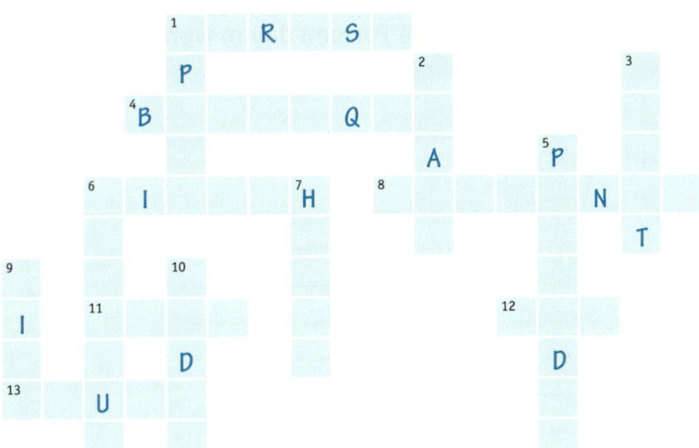

| | |
|---|---|
| **la tensione** | die (An)Spannung |
| **il gusto** | der Geschmack |
| **sviluppare** | *hier* trainieren |
| **la capacità** | die Fähigkeit |
| **motorio** | Bewegungs- |
| **resistente** | strapazierfähig |
| **il panciotto** | die Weste |
| **la società** | *hier* das Unternehmen |
| **fornire** | liefern, *hier* ermöglichen |
| **l'accesso** | der Zugang |
| **la salsa** | *hier* der Dip, die Tunke |
| **le spezie** | die Gewürze |
| **la vasca** | *hier* die Schüssel |

## 52 *Tutto è possibile:* Adjektive auf *-bile*

Die Adjektive mit Endung auf *-bile* werden in der Regel von einem Verb abgeleitet:

*pensare* → *pens**abile*** (denkbar) *potere* → *poss**ibile*** (möglich)

Versuchen Sie jetzt selbst Adjektive auf *-bile* zu bilden!

**Setzen Sie aus den unten angegebenen Verben Adjektive mit Endung auf *-bile* zusammen. Achtung! Zwei Formen davon werden unregelmäßig gebildet.**

mangiare → ______________________
raggiungere → ______________________
credere → ______________________
vivere → ______________________
ripetere → ______________________
sopportare → ______________________
leggere → ______________________
fare → ______________________
recuperare → ______________________
bere → ______________________

**Ergänzen Sie die oben gebildeten Adjektive auf *-bile* im Singular oder Plural.**

a I cocktail che prepara Pippo di solito fanno schifo. Questo invece è ______________ .

b Vorremmo terminare il lavoro entro la fine del mese. Che dici, ti sembra ______________ ?

c Monaco di Baviera è una città ______________ : il traffico è limitato, la qualità della vita è buona, c'è tanto verde ...

d Dopo tutto quello che è successo, penso proprio che i nostri politici non siano più ______________ .

e Allora, come va? Ti fa male la ferita? – Mah, il dolore è ______________ .

f In genere i medici hanno una brutta grafia, lo dicono tutti. Invece il mio medico di base ha una grafia piuttosto ______________ .

g Com'era la torta? – ______________ . Non era niente di speciale!

h Queste località sono ______________ solo con l'auto. Non sono collegate con i mezzi pubblici.

i Mi racconti le barzellette che hai sentito ieri sera in tv? – No, guarda, non sono ______________ : troppo volgari!

j Che ha detto il meccanico dell'auto? – Eh, la macchina è da rottamare. È ______________ solo qualche pezzo.

| | |
|---|---|
| **fare schifo** | *hier* scheußlich schmecken |
| **terminare** | beenden |
| **entro** | binnen |
| **il traffico** | der Verkehr |
| **limitato** | begrenzt |
| **dopo tutto quello che** | nach allem, was |
| **la ferita** | die Wunde |
| **la grafia** | die Handschrift |
| **il medico di base** | der Hausarzt |
| **la località** | die Ortschaft |
| **collegare** | verbinden |
| **la barzelletta** | der Witz |
| **volgare** | vulgär |
| **rottamare** | verschrotten |

## 53 *Si* – Das Wunderwort

Das Wörtchen *si* / *sì* (mit Akzent) taucht im Italienischen in den unterschiedlichsten Kontexten auf. Im Deutschen hat *si* / *sì* je nach Gebrauch andere Bedeutungen.

**Vervollständigen Sie mit den unten stehenden Angaben und setzen Sie dabei auch *si* / *sì* ein.**

sposano adoro beveva fuma note devono mangiavano vede ~~va~~ certo veste

a In Italia *si* *va* a scuola da metà settembre fino alla fine di giugno.
b La mia collega _____ __________ sempre alla moda.
c Prima Riccardo _____ __________ una decina di tazze di caffè al giorno!
d Mi puoi aiutare un secondo? – _____ , __________ .
e Mio cugino _____ __________ due pacchetti di sigarette al giorno.
f I bambini _____ __________ lavare le mani prima di venire a tavola.
g Le __________ musicali sono sette: do, re, mi, fa, sol, la, _____ .
h _____ __________ che avete lavorato tanto. Avete una faccia davvero stanca!
i Lara e Gennaro _____ __________ in luglio nella basilica di S. Angelo in Formis.
j Quando ero piccolo, i miei fratelli _____ __________ sempre le mie caramelle preferite!
k Ti piace ballare? – _____ , __________ ballare e anche cantare.

**Welche Bedeutungen hat *si* / *sì* im Deutschen? Listen Sie sie auf. In welchen Sätzen weist *si* keine deutsche Entsprechung auf und warum?**

______________________________

______________________________

| | |
|---|---|
| **adorare** | über alles lieben |
| **la metà** | die Hälfte |
| **alla moda** | modisch |
| **la decina** | etwa zehn |
| **davvero** | echt |
| **la caramella** | das Bonbon |

## 54 *No* oder *non*? – Die Kunst des Verneinens!

Ein klares „Nein" heißt im Italienischen *no*. „Nicht" und „kein" bedeuten dagegen *non*. Leider gilt das nicht immer: denn *no* kann hin und wieder auch „nicht" bedeuten (z. B. *perché* ***no****?* → warum nicht?).

Außerdem wird im Italienischen des Öfteren ein *non* an Stellen eingesetzt, an denen man im Deutschen kein „nicht" einsetzen würde:
***non*** *conoscevo* ***nessuno*** → ich kannte **niemanden**
Aber Vorsicht!
***nessuno*** *è venuto* → **niemand** ist gekommen.

**Setzen Sie – wo nötig – *no* oder *non* ein.**

a Avete finito di giocare a poker, o _______ ?
b Il sabato e la domenica _______ si lavora mai!
c Stasera _______ ho voglia di restare a casa. Vi va di fare un giro in centro?
d Il tempo si sta guastando. Domani probabilmente pioverà. – Speriamo di _______ .
e Nessuno _______ mi ha detto niente!
f In frigorifero _______ c'è niente da mangiare.
g Sei inglese? – _______ , _______ sono inglese, sono americano.
h _______ sono mai andato alla Scala di Milano.
i Che ore sono ? – _______ lo so, _______ ho l'orologio.
j Andiamo a dormire? – _______ , io _______ ho sonno. Voglio leggere un po'.
k Secondo te, hanno superato la crisi Patrizia e suo marito? – Credo proprio di _______ .
l Mai più _______ andremo al casinò. Abbiamo perso un sacco di soldi.
m Quale bracciale preferisci, questo o quello? – _______ mi piacciono né l'uno né l'altro.
n Nemmeno Valeria e Dario _______ vogliono iscriversi al corso di yoga.
o Ho un terribile mal di testa oggi. – _______ mi sento bene nemmeno io.
p Loro _______ hanno sete, hanno solo fame.

| | |
|---|---|
| **avere voglia** | Lust haben |
| **fare un giro** | eine Runde drehen |
| **guastarsi** | schlecht werden |
| **la Scala di Milano** | *Mailänder Oper* |
| **l'orologio** | die Uhr |
| **avere sonno** | müde sein |
| **superare** | überstehen |
| **proprio** | wirklich |
| **un sacco di soldi** | ein Haufen Geld |
| **il bracciale** | das Armband |
| **né … né** | weder … noch |
| **nemmeno** | auch nicht |
| **iscriversi** | sich anmelden |
| **terribile** | schrecklich |

## 55 Ein Übel kommt selten allein: *brutto, cattivo* und *male*

*Brutto, cattivo* und *male* übersetzt man im Deutschen mit „schlecht".
Doch Vorsicht:

- *Brutto* und *cattivo* können auch „böse" und „hässlich" bedeuten.
- Die Wahl zwischen *brutto* oder *cattivo* hängt vom Kontext ab.
- Verwenden Sie *cattivo* oder *brutto* nur, wenn sich diese auf Substantive oder Personen beziehen.
- Verwenden Sie *male* ausschließlich, wenn es sich auf ein Verb bezieht.

All das werden Sie in der nächsten Übung in die Praxis umsetzen:
*niente male*, nicht schlecht, oder?

**Vervollständigen Sie mit den unten stehenden Angaben.**

cattivo (2×) cattivi brutti male (6×) cattiva brutto (2×) brutte

a No, guardi, i pantaloni a vita bassa non li voglio, mi stanno ___________ .
b Beh, come va? – ___________ ! La ditta ha chiuso e ho perso il lavoro.
c Mangiare guardando la tv è una ___________ abitudine.

d Sì, lo devo ammettere, ho un ____________ carattere.
e Lo sai che Barbara sta ____________ ? Ha la polmonite.
f Oggi i giocatori, in campo, si sono comportati veramente ____________ .
g Lasciatemi stare, per piacere, perché sono di ____________ umore!
h Ho dovuto buttar via la carne perché era andata a ____________ .
i ____________ notizie! Dobbiamo rimandare la partenza perché domani c'è lo sciopero dei treni.
j Basta, fate solo scherzi di ____________ gusto!
k Ehi, che faccia! Che hai? – Ah, niente, mi fa ____________ la schiena.
l Ma perché mi prendete sempre in giro? Siete proprio ____________ !
m Com'era il tempo in Inghilterra? – ____________ . Ha piovuto tutto il tempo.
n Questi stivali non mi piacciono, sono ____________ !

| | |
|---|---|
| **i pantaloni a vita bassa** | die Hüfthose |
| **l'abitudine,** *f* | die Gewohnheit |
| **ammettere** | zugestehen, zugeben |
| **la polmonite** | die Lungenentzündung |
| **il giocatore** | der Spieler |
| **il campo** | *hier* der Fußballplatz |
| **l'umore,** *m* | die Laune |
| **buttar(e) via** | wegwerfen |
| **rimandare** | verschieben |
| **la partenza** | die Abreise |
| **lo sciopero** | der Streik |
| **la schiena** | der Rücken |
| **prendere in giro** | sich lustig machen |

## 56 Der „finale" Unterschied: *finalmente* und *alla fine*

Hier geht es um zwei nützliche Ausdrücke, bei denen Verwechslungsgefahr besteht: *finalmente* und *alla fine*. Beachten Sie daher:

- Will man Zufriedenheit über das Eintreten eines Geschehens ausdrücken, verwendet man *finalmente* (= endlich).
- Will man auf die letzte von mehreren Handlungen hinweisen, wird *alla fine* (= schließlich, am Ende, zu guter Letzt) benutzt.

***Finalmente* oder *alla fine*? In folgenden Sätzen haben sich acht Fehler eingeschlichen. Suchen und korrigieren Sie sie.**

a Eh, finalmente ti fai vivo! Ma dove ti eri cacciato?
b Gli ospiti sono andati via e adesso siamo alla fine soli!
c E finalmente che cosa è successo?
d E all'università come va? – Bene, finalmente ho finito tutti gli esami.
e Ho ricevuto una promozione. – Oh, finalmente una buona notizia!
f È stata una brutta esperienza: ho sudato freddo ma finalmente è andato tutto bene.
g Domani, alla fine, è domenica. Mi posso riposare.
h Finalmente si è concretizzato un desiderio che avevo da tanto tempo.
i Finalmente sono venute anche Irene e Mirella, perciò eravamo in sei.
j Dimmi chi è l'assassino! – Non lo so ancora, si scopre alla fine!
k Beh, finalmente chi ha vinto? – Noi naturalmente!
l Mamma mia, alla fine anche tu sei caduta nella trappola!
m Mi sono informato bene e alla fine penso di aver scelto il prodotto migliore.
n Oggi alla fine Ottavio mi ha chiesto di sposarlo.
o Ho parlato per due ore e finalmente ho notato che non mi aveva capito nessuno.
p Dopo tanta fatica, finalmente si vedono i primi risultati!

| | |
|---|---|
| **farsi vivo** | sich melden |
| **dove ti eri cacciato** | wo bist du denn abgeblieben |
| **la promozione** | die Beförderung |
| **sudare freddo** | in kalten Schweiß ausbrechen |
| **concretizzarsi** | sich verwirklichen |
| **il desiderio** | der Wunsch |
| **l'assassino** | der Mörder |
| **scoprire** | entdecken |
| **cadere nella trappola** | in die Falle gehen |
| **la fatica** | die Mühe |
| **il risultato** | das Ergebnis |

## 57 Bekanntschaft mit „kennen" und „kennenlernen"

Für die beiden deutschen Verben „(sich) kennen" und „(sich) kennenlernen" benutzt man im Italienischen nur ein Verb: *conoscere / conoscersi* (reflexiv). In den Vergangenheitsformen gilt aber eine Besonderheit:

- Steht *conoscere / conoscersi* im *imperfetto*, dann bedeutet es immer „(sich) kennen".
  *Non la conoscevi?* — Kanntest Du sie nicht?
- Steht *conoscere / conoscersi* hingegen im *passato prossimo*, dann bedeutet es immer „(sich) kennenlernen".
  *Ci siamo conosciuti in treno.* — Wir haben uns im Zug kennengelernt.

**Ergänzen Sie mit dem Verb *conoscere / conoscersi* in der richtigen Zeitform (*presente, passato prossimo* oder *imperfetto*).**

a Hai sentito l'ultimo CD di Laura Pausini? – No, non lo ______________________ . Lo sai che la musica non mi piace molto …

b Mi dispiace, non ho il numero di telefono dei signori Boldi. Li ______________________ solo di vista.

c Ieri, al seminario, (io) ______________________ un ragazzo ungherese che lavora qui a Modena.

d Allora, racconta, com'è andata con i genitori di Monica? Come sono? – Ma guarda che io li ______________________ già! Solo che questa volta mi sono presentato, per così dire, "ufficialmente".

e Quando (noi) ______________________ , tu portavi i capelli lunghi. Te lo ricordi?

f L'altra sera mi sono divertita un sacco. Sono andata a cena con un ragazzo, Fabio Malatesta. – Davvero? Sai, l'______________________ un paio di settimane fa e devo dire che è un tipo brillante!

g Domenica scorsa finalmente sono riuscito a vedere il film "Cento passi". Bellissimo! – Ah, non lo ______________________ ? E sì, è molto bello.

h Se hai bisogno di aiuto, fammelo sapere. Mio padre ______________________ molte persone influenti.

i Quando ______________________ tu e Ferdinando? – Tre anni fa, se non mi sbaglio.

j Mio marito e io ______________________ gli Stati Uniti perché ci abbiamo vissuto tre anni.

k Vi siete divertiti alla festa sabato scorso? – Beh, non tanto. C'era parecchia gente, ma noi non ______________________ nessuno.

| | |
|---|---|
| **Laura Pausini** | *Sängerin (*1974)* |
| **di vista** | flüchtig |
| **presentarsi** | sich vorstellen |
| **per così dire** | sozusagen |
| **ufficialmente** | offiziell |
| **divertirsi** | sich amüsieren |
| **un sacco** | *hier* sehr |
| **riuscire** | es schaffen |
| **fammelo sapere** | sag mir Bescheid |
| **influente** | einflussreich |
| **se non mi sbaglio** | wenn ich mich nicht irre |
| **non tanto** | nicht so sehr |
| **parecchio** | ziemlich viel |

## 58 „Erfahren" ist „Wissen": *sapere*

Das italienische Verb *sapere* bedeutet im Deutschen sowohl „wissen" als auch „erfahren, herausfinden" (für Letzteres kann man auch *venire a sapere* sagen).

Bei Handlungen in der Vergangenheit tritt bei *sapere* folgende Besonderheit auf:

- Steht *sapere* im *imperfetto*, dann bedeutet es immer „wissen".
  *Non lo sapevo!* Ich wusste es nicht!
- Steht *sapere* hingegen im *passato prossimo*, dann hat es immer die Bedeutung „erfahren".
  *L'ho saputo ieri!* Ich habe es gestern erfahren.

**Übersetzen Sie mit *sapere* in der richtigen Zeitform.**

a Hast du gewusst, dass Mario ein tolles Jobangebot in Brüssel bekommen hat?

b Ich weiß nicht, ob ich studieren will. Ich würde eigentlich lieber arbeiten.

c Verdammt, ich wusste es! Gerade heute hat der Zug Verspätung.

d Wann ist das nächste Spiel? Wie kann ich das herausfinden?

e Wenn alles gut läuft, erfahre ich es am Ende des Monats.

f Wir haben eben erfahren, dass Flavio einen schweren Autounfall hatte.

g Attilio und Silvana haben sich ein Bauernhaus gekauft. – Wirklich? Das habe ich nicht gewusst.

h Ich wollte wissen, ob meine Unterlagen fertig sind.

i Wann habt ihr es erfahren? – Gerade eben. Wir haben es in der Zeitung gelesen.

j Habt ihr gewusst, dass der Besitzer vom Haushaltswarengeschäft Pleite gegangen ist?

k Wir erfahren nie was. Niemand sagt uns, was passiert.

l Bianca hat entbunden. – Ja, ich wusste es schon.

m Ich muss unbedingt herausfinden, wo Amedeo jetzt wohnt. Ich muss ihm ein Buch zurückgeben.

n Von wem hast du es erfahren? – Von Orlando.

| | |
|---|---|
| **un'ottima offerta di lavoro** | ein tolles Jobangebot |
| **Bruxelles** | Brüssel |
| **ricevere** | bekommen |
| **frequentare l'università** | studieren |
| **maledizione** | verdammt |
| **proprio** | gerade |
| **il ritardo** | die Verspätung |
| **la partita** | *hier* das Spiel |
| **andare bene** | gut laufen |
| **la fine** | das Ende |
| **appena** | eben |
| **grave** | schwer |
| **l'incidente d'auto** | der Autounfall |
| **il casale** | das Bauernhaus |
| **i documenti** | die Unterlagen |
| **proprio adesso** | gerade eben |
| **il proprietario** | der Besitzer |
| **il negozio di elettrodomestici** | das Haushaltswarengeschäft |
| **fallire** | Pleite gehen |
| **partorire** | entbinden |
| **restituire** | zurückgeben |

## 59 Das Wort der Macher: *fare*

Das Verb *fare* heißt „machen" oder „tun" und ist ein regelrechtes Wunderverb. Doch aufgepasst, *fare* entspricht nicht immer „machen" oder „tun", „machen" oder „tun" entsprechen nicht immer *fare*. Dazu einige Beispiele:

***Hai fatto?*** ≠ **Bist du fertig?**

*Il vaso* ***sta*** *bene sul tavolo.* ≠ Die Blumenvase **macht** sich gut auf dem Tisch.

**Verbinden Sie zunächst die deutschen Sätze mit ihren italienischen Entsprechungen. Vervollständigen Sie dann die italienischen Sätze mit der passenden Form von *fare* (oder evtl. *farsi*).**

a Seine Mutter ist Ärztin.
b Wo hast du meine Tasche hingetan?
c Im März wird Teresa 18.
d Es ist spät geworden. Wir müssen gehen.
e Dort können Sie die Fahrkarte lösen.
f Ich muss noch die Teller abwaschen.
g Sie haben viel zu tun.
h Lasst uns heute Pizza backen!
i Fühl dich wie zu Hause!
j Ich kann daran nichts ändern.
k Oje, ihr habt den ganzen Boden schmutzig gemacht.
l Sergio studiert Biologie.
m Hast du alles sauber gemacht?
n Ich habe keine Lust zu duschen.
o Ich hatte einen schönen Traum!
p Heute hast du dich nicht rasiert!
q Im Urlaub schließe ich gerne Freundschaft mit neuen Leuten.
r Wollen wir baden gehen?

1 I biglietti li potete ____________ lì.
2 In vacanza mi piace ____________ amicizia con gente nuova.
3 Devo ancora ____________ i piatti.
4 Santo cielo, avete sporcato tutto il pavimento.
5 Non mi va di ____________ la doccia.
6 ____________ tardi. Dobbiamo andare.
7 Andiamo a ____________ il bagno?
8 Hai pulito tutto?
9 Non ci posso ____________ niente.
10 Sergio studia / ____________ biologia.
11 Dove hai messo la mia borsa?
12 A marzo Teresa ____________ diciotto anni.
13 Hanno molto da ____________ .
14 Sua madre ____________ il medico.
15 Oggi non ____________ la barba!
16 ____________ un bel sogno!
17 ____________ come se fossi a casa tua!
18 ____________ la pizza oggi!

## 60 Schlagfertigkeit auf Italienisch!

Trainieren Sie, wie man freundlich und routiniert antwortet.

**Bilden Sie Satzpaare, indem Sie die passende Reaktion suchen.**

a ~~A settembre mi sposo!~~
b Aspetto un bambino.
c Tanti auguri di buon compleanno!
d L'esame è andato male, purtroppo.
e Mi sono laureato con il massimo dei voti.
f Ercole è stato assunto in un'azienda americana.
g Avanti, prendine ancora! Non fare complimenti!
h Mi dispiace, non posso venire domani alla partita con te.
i È permesso?
j Allora, facciamo un brindisi?
k Domani partiamo per le vacanze!
l Ti ho svegliato? Oh, scusami!

☐ Sei incinta? Auguri!

☐ Bravo! Congratulazioni!

☐ Cin, cin!

a ~~Che bello! Sono contento per te!~~

☐ Oh, grazie! Ma come lo sai?

☐ Davvero? Devo chiamarlo per fargli i complimenti.

☐ Mi dispiace. La prossima volta andrà meglio.

☐ Prego, si accomodi!

☐ Non ti preoccupare, non fa niente.

☐ Ok, va bene. Prendo altre due polpette, che sono buonissime.

☐ Beati voi! Divertitevi anche per me!

☐ Peccato, sarà per un'altra volta!

| | |
|---|---|
| **Beati voi!** | Ihr Glücklichen! |
| **Come lo sai?** | Woher weißt du das? |
| **essere assunto** | angestellt werden |
| **essere incinta** | schwanger sein |
| **fare un brindisi** | anstoßen |
| **laurearsi** | das Studium abschließen |

## 61 *Papa – papà*: Der Ton macht die Musik!

Im Italienischen gibt es Wörter, deren Bedeutung von der Betonung abhängig ist. Man unterscheidet hier zwischen

- Wörtern, die sich durch einen einzigen Akzent auf der letzten Silbe unterscheiden: *pạpa* (Papst) / *papà* (Papa)
- und Wörtern, die absolut identisch sind und trotzdem unterschiedlich betont werden: *pẹrdono* (sie verlieren) / *perdọno* (Vergebung). Der grafische Akzent wird hier nicht gesetzt, da die Betonung innerhalb des Wortes liegt.

**Vervollständigen Sie die Sätze mit den unten stehenden Wörtern. Achtung! Die Betonung innerhalb des Wortes wird durch einen Punkt unter dem betonten Vokal angezeigt.**

pero   però   princịpi   prịncipi   ancọra   ạncora   subịto   sụbito   pure
purè   cạpitano   capitạno   vọlano   volạno

a C'è Simone? – No, non è __________ tornato.
b Senti, per piacere, quando vai al supermercato, comprami due chili di zucchero e __________ un chilo di sale.
c Per favore, vieni __________ qua!
d Guarda quanti uccelli __________ in cielo!
e Vengo sicuramente anch'io in discoteca, __________ arrivo più tardi.
f Ti piace il __________ di patate? – Mm, certo! Lo fai stasera?
g Il mio direttore è un uomo di saldi __________ .
h I miei nonni hanno un giardino con tanti alberi da frutta: aranci, ciliegi e un __________ .
i Il papà di Flora è __________ di una nave da crociera.
j Walter, per fortuna sei arrivato. Sei la mia __________ di salvezza!
k I ragazzi sono sulla spiaggia, stanno giocando al __________ .
l I vicini hanno __________ un furto.
m Queste cose __________ solo a te!
n I miei antenati erano __________ . – Ah, allora hai origini nobili!

| | |
|---|---|
| **il pero** | der Birnbaum |
| **il principe** | der Fürst |
| **l'ancora** | der Anker |
| **subito (subire)** | erlitten |
| **il volano** | der Federball |
| **saldo** | fest |
| **l'arancio** | der Orangenbaum |
| **il ciliegio** | der Kirschbaum |
| **la salvezza** | die Rettung |
| **il furto** | der Diebstahl |
| **l'antenato** | der Vorfahre |
| **l'origine,** ***f*** | *hier* die Wurzel |

## 62 Umdenken und umstellen: die doppelten Pronomen

Als doppelte Pronomen bezeichnet man Pronomen, die hintereinander stehen: z. B. *me lo*, „es mir". Es gilt dabei Folgendes zu beachten:

- Die Pronomen *mi, ti, ci, vi, si* verändern ihre Form, wenn sie zusammen mit *lo, la, li, le, ne* stehen: z. B. wird *mi* dabei zu *me*. Die deutschen Pronomen hingegen behalten ihre Form.
- Die Pronomen *gli / le / Le* verschmelzen mit *lo, la, li, le, ne* zu einem einzigen Wort. Sie lassen sich dann nicht mehr unterscheiden: z. B. kann *glielo* „es ihm", „es ihr" und „es ihnen" bedeuten.
- Des Weiteren steht im Italienischen das indirekte Pronomen bzw. Reflexivpronomen vor dem direkten Pronomen (z. B. *me la*). Im Deutschen ist es genau andersherum (z. B. „sie mir").

Deshalb gilt bei den doppelten Pronomen: immer umdenken und umstellen!

**Übersetzen Sie.**

a Das ist meine Tasche. Gibst du sie mir bitte?

______________________________

b Wir haben das Problem nicht verstanden. Können Sie es uns nochmals erklären?

______________________________

c Ich muss ihm helfen. Ich habe es ihm versprochen.

d Mm, frisches Brot! Würdest du mich bitte ein Stück (davon) probieren lassen?

e Das ist ein tolles Hotel. Ich kann es Ihnen nur empfehlen.

f Die Geschichte war super! – Ich erzähle sie euch morgen noch einmal.

g Da ist dein Glas. Soll ich es dir holen?

h Meine Haare sind nass. Ich muss sie mir sofort abtrocknen.

i Oh, das neue Buch von Andrea De Carlo! Leihst du es mir, wenn du es gelesen hast?

j Wenn ihr Orangen mögt, geben wir euch eine Kiste (davon).

k Die Hose ist zu lang. Kannst du sie mir kürzen?

l Ich habe meinen Kugelschreiber vergessen. – Ich gebe dir einen von meinen.

m Du darfst es ihnen nicht sagen!

n Ich brauche einen Moment Ihre Schlüssel. Ich bringe sie Ihnen gleich wieder.

| | |
|---|---|
| **capire** | verstehen |
| **spiegare** | erklären |
| **promettere** | versprechen |
| **il pezzo** | das Stück |
| **far provare** | probieren lassen |
| **magnifico** | toll |
| **consigliare** | empfehlen |
| **la storia** | die Geschichte |
| **fantastico** | super |

| | |
|---|---|
| **il bicchiere** | das Glas |
| **prendere** | holen |
| **i capelli** | die Haare |
| **bagnato** | nass |
| **asciugarsi** | sich abtrocknen |
| **prestare** | leihen |
| **quando** | wenn |
| **l'arancia** | die Orange |
| **la cassetta** | die (kleine) Kiste |
| **i pantaloni** | die Hose |
| **accorciare** | kürzen |
| **la penna** | der Kugelschreiber |
| **dovere** | *hier* dürfen |
| **servire** | brauchen |
| **la chiave** | der Schlüssel |
| **riportare** | wiederbringen |

## 63 *Che* und *che* und noch mal *che*

*Che* ist eines der häufigsten und wichtigsten italienischen Wörter. Es lohnt sich daher, seine Anwendungsmöglichkeiten gut zu kennen. Am häufigsten wird *che* im Deutschen mit den Relativpronomen „der, die, das" wiedergegeben, oft entspricht es aber auch dem Bindewort „dass". Was *che* sonst noch alles bedeuten kann, werden Sie in der nächsten Übung feststellen.

**Bilden Sie Sätze oder Minidialoge mit *che* und den jeweils angegebenen Elementen.**

a ho conosciuto questo è in treno. il ragazzo
*Questo è il ragazzo che ho conosciuto in treno.*

b fatto ieri di particolare. avete sera? niente
__________ – __________

c peccato! non posso domani. venire
__________ – __________

d  il mio   ti   piace   nuovo?   bracciale   bello!

_______________ – _______________

e  pensando?   a   Roberta,   stai

_______________

f  sul tavolo   è   è   un regalo   la cornice   di   matrimonio.

_______________

g  Vittorio   notizia!   candidarsi.   ha   di   deciso

_______________ – _______________

h  più   viaggiare   io   in aereo.   in treno   preferisco

_______________

i  una   lo   persona   disponibile.   sei   estremamente   so

_______________

j  brace.   la carne   in   mangio   sia   padella   alla

_______________

k  sappia,   in Russia   io   si è trasferito   per   Alberto   lavoro.

_______________

l  nato   mio   ho dimenticato   fratello!   in   è   giorno

_______________

**Welche Bedeutungen hat das Wort *che* noch?**

_______________

| | |
|---|---|
| **particolare** | besonderer, -e, -es |
| **peccato!** | schade! |
| **il bracciale** | das Armband |
| **la cornice** | der Rahmen |
| **il matrimonio** | die Hochzeit |
| **candidarsi** | kandidieren |
| **disponibile** | hilfsbereit |
| **la padella** | die Pfanne |
| **alla brace** | gegrillt |
| **sappia** (*congiuntivo*) | *hier* ich weiß |
| **trasferirsi** | umziehen |
| **dimenticare** | vergessen |

## 64 *Mentre* und *durante*: ein ungleiches Paar

*Mentre* und *durante* kann man im Deutschen mit „während" wiedergeben.
Doch wann verwendet man *mentre*, wann *durante*?

**Sehen Sie sich die Beispiele an und vervollständigen Sie dazu die Regeln:**

| | |
|---|---|
| ***Mentre*** *guardavo la partita, mi sono addormentato.* | Während ich das Spiel anschaute, bin ich eingeschlafen. |
| ***Durante*** *la partita mi sono addormentato.* | Während dem Spiel bin ich eingeschlafen. |

– ______________ verwendet man, wenn „während" einen Nebensatz einleitet.
– ______________ verwendet man, wenn „während" ein Hauptwort begleitet.

**Setzen Sie *mentre* oder *durante* ein. Formulieren Sie die Sätze dann um.**

a *Mentre* cenavamo abbiamo visto il telegiornale.
*Durante la cena abbiamo visto il telegiornale.*

b ______________ seguivo la lezione ho dovuto spegnere il cellulare.
______________________________________________

c Un mio collega si è sentito male ______________ sosteneva l'esame.
______________________________________________

d ______________ la discussione sul nuovo progetto si sono valutati diversi fattori di rischio.
______________________________________________
______________________________________________

e Signora, per cortesia, ______________ sarò via, innaffi i fiori tutti i giorni.
______________________________________________
______________________________________________

f ______________ ero in ferie mi hanno svaligiato l'appartamento.
______________________________________________

g Ieri mattina, __________ facevano colazione, hanno ricevuto una notizia inaspettata.

h Il pubblico applaudiva entusiasticamente __________ il conferimento dei premi da parte della giuria.

| | |
|---|---|
| **il telegiornale** | die Nachrichten |
| **spegnere** | ausschalten |
| **sostenere** | ablegen |
| **si sono valutati** | wurden eingeschätzt |
| **il fattore di rischio** | der Risikofaktor |
| **innaffiare** | gießen |
| **svaligiare** | ausplündern |
| **inaspettato** | unerwartet |
| **applaudire** | klatschen |
| **entusiasticamente** | begeistert |
| **il conferimento** | die Verleihung |
| **da parte di** | von, von Seiten |

## 65 Und täglich grüßt die Präposition!

Erneut befassen wir uns mit den „hartnäckigen" Präpositionen *di, a, da, in, con, su, per, tra / fra*, unter die sich diesmal ein paar neue mischen: *senza* („ohne"), *fino a* („bis"), *vicino a* („in der Nähe", „neben"), *sotto* („unter"), *dopo* („nach"), *invece di* („anstelle von", „statt"), *dietro a* („hinter"), *verso* („gegen"), *fa* („vor", zeitlich), *secondo* („nach").

# 7

**Ergänzen Sie mit den folgenden Präpositionen: *di, senza, a, fino a, vicino a, da, in, sotto, dopo, con, invece di, su, per, dietro a, tra / fra, verso, fa, secondo.* Wo nötig, verbinden Sie die Präpositionen mit dem dazu passenden bestimmten Artikel.**

a ________ carnevale mi sono mascherato ________ pirata.
b ________ tre mesi cominciano i campionati ________ mondo ________ calcio.
c Devo andare ________ fruttivendolo a fare la spesa. Vuoi venire ________ me?
d Lo sai chi abita ________ casa nostra? Il fratello ________ dottoressa Pasca.
e Il caffè lo preferisco amaro. – Bevi il caffè ________ zucchero!
f A che ora rientrate? – ________ le sette, o forse anche un pochino più tardi.
g ________ questa pioggia non esco di certo! Rimango ________ casa all'asciutto!
h Dov'è Luigia? – È andata ________ biblioteca perché doveva restituire dei libri che aveva preso ________ prestito.
i Andiamo a giocare a bowling stasera? – No, mi dispiace, non posso. Devo rimanere ________ ufficio ________ nove.
j ________ andare ________ ristorante, perché non ordiniamo semplicemente una pizza?
k Scrivo la tesi ________ laurea ________ un pittore inglese ________ XX secolo.
l ________ la laurea mi piacerebbe fare un master ________ estero.
m Scusi, a che ora parte il primo treno ________ Reggio Calabria?
n Marina, le valigie dove le mettiamo? – Guarda, per il momento mettile là, ________ divano.
o ________ te quale vestito dovrei indossare domani?
p Come sempre Oreste è ________ ritardo. Che facciamo, lo aspettiamo o ci avviamo?
q Quando vi siete conosciuti? – Dieci anni ________ .
r Dove si è cacciato il cane? – Si è nascosto ________ il letto.

| | |
|---|---|
| **mascherarsi** | sich verkleiden |
| **il campionato** | die Meisterschaft |
| **il fruttivendolo** | der Gemüsehändler |
| **amaro** | bitter, ungesüßt |
| **rientrare** | zurückkehren |
| **la pioggia** | der Regen |
| **all'asciutto** | im Trockenen |
| **restituire** | zurückgeben |
| **la tesi** | *hier* die Arbeit |
| **la laurea** | das Diplom, der Magister |
| **il pittore** | der Maler |
| **il secolo** | das Jahrhundert |
| **per il momento** | vorläufig |
| **il divano** | die Couch |
| **indossare** | anziehen |
| **il ritardo** | die Verspätung |
| **avviarsi** | sich auf den Weg machen |
| **cacciarsi** | *hier* stecken |
| **nascondersi** | sich verstecken |

*Dove si è cacciato il cane?*

## 66 Der Schein trügt: *andare* und *venire*

Leider heißt *andare* nicht immer nur „gehen" und „fahren" (siehe Übung 8) und *venire* nicht immer nur „kommen". Vergleichen Sie selbst!

**Verbinden Sie die links stehenden deutschen Sätze mit den italienischen Entsprechungen. Vervollständigen Sie dann die italienischen Sätze mit den unten stehenden Angaben.**

va consegnato   non mi va   vanno   insomma   viene   andare   mi viene
mi fa venire   crescere   mi è venuto   è andata a finire   stai   mi è venuta

a Wollen wir Lego spielen? – Nein, ich habe keine Lust.
b Wie ist die Geschichte ausgegangen?
c Ich habe die Grippe bekommen.
d Meine Kinder sind sehr gut in der Schule.
e Entschuldigen Sie, wie viel kostet das?
f Der Teig muss ein Paar Stunden gehen.
g Ich musste so lachen!
h Der Lackgeruch ruft bei mir Kopfschmerzen hervor.
i Das Anmeldeformular muss bis Ende Februar abgegeben werden.
j Wenn das Wetter so schön ist, bekomme ich sofort Lust ans Meer zu fahren.
k Giulio, wie geht es dir? – Es geht.

1 Scusi, questo quanto ______ ?
2 I miei figli ______ molto bene a scuola.
3 Com' ______ la storia?
4 L'odore della vernice ______ il mal di testa.
5 Il modulo d'iscrizione ______ entro la fine di febbraio.
6 Vogliamo giocare con le costruzioni? – No, ______ .
7 ______ l'influenza.
8 Giulio, come ______ ? – ______ .
9 Quando il tempo è così bello, ______ subito voglia di ______ al mare.
10 La pasta deve ______ alcune ore.
11 ______ da ridere!

**Und nun decken Sie die italienische Spalte ab und versuchen Sie die deutschen Sätze ins Italienische zu übersetzen.**

## 67 *Passare:* ein Verb mit vielen Facetten

Das Verb *passare* kann in den unterschiedlichsten Kontexten verwendet werden. Im Deutschen gibt es für *passare* mehrere Entsprechungen, welche Sie hier unten kennenlernen werden. Aber Vorsicht: Verwechseln Sie nie *passare* mit „passieren" im Sinne von „geschehen" (*succedere*) und auch nicht mit „passen" im Sinne von „passend" (*andare bene*). Wenn Sie „Gemüse passieren" haben Sie dagegen keine Schwierigkeiten (*passare la verdura*).

**Vervollständigen Sie, indem Sie die Angaben in Klammern übersetzen.**

a La strada era bloccata al traffico e quindi (konnten wir nicht durchfahren) ____________________________ .

b Scusa, (reichst du mir) ____________________ il pepe, per favore?

c Vorrei parlare con la professoressa Ferri, per cortesia. – Sì, un attimo, (ich gebe Sie Ihnen) ____________________ .

d (Sie haben verbracht) ____________________ tutta l'estate nella villa al mare.

e Allora, (passt Ihnen der Rock) __________________________ ? – No, è troppo larga sui fianchi.

f Poiché avevamo perso le chiavi di casa, (sind wir durch den Garten gegangen) ____________________________ e abbiamo forzato la finestra del salotto.

g Probabilmente c'è stato un incidente perché (sind gerade vorbeigefahren) __________________________ due auto della polizia a sirene spiegate.

h (Es sind zwei Jahre vergangen) ______________________________ dall'ultima volta che ci siamo viste.

i (Was ist passiert) _________________________ ? Hai una faccia! – Laura mi ha lasciato.

j Prima devi cuocere le carote per alcuni minuti e poi (musst du sie passieren) _________________________ .

k Ciao, Marina, sono Vera. (Ich würde gerne kurz bei dir vorbeikommen) __________________________________________ . Sei a casa? Ti disturbo?

l (Wir haben schwere Zeiten durchgemacht) ______________________________ __________________ quando Rosario ha perso il lavoro e non sapevamo come fare a pagare il mutuo della casa.

**Welche deutschen Verben entsprechen *passare*?**

________________________________________

________________________________________

| | |
|---|---|
| **bloccare** | sperren |
| **il traffico** | der Verkehr |
| **il fianco** | die Hüfte |
| **forzare** | aufbrechen |
| **il salotto** | das Wohnzimmer |
| **a sirene spiegate** | mit Sirenengeheul |
| **momenti difficili** | schwere Zeiten |
| **il mutuo** | das Darlehen |

## 68 Spielarten eines Verbs: Mit *provare* probieren!

In der folgenden Übung geht es ausschließlich um das Verb *provare* und seine vielfältigen Ausdrucksmöglichkeiten.

**Ergänzen Sie mit *provare* in der passenden Zeitform. Benutzen Sie eine der folgenden Zeiten: *presente, passato prossimo, imperfetto, trapassato prossimo, futuro, imperativo, infinito, stare + gerundio, condizionale presente*.**

a Se fossi milionario, ____________________ la soddisfazione di non lavorare più. Farei solo le cose che mi piacciono.

b Vorrei comprare un cellulare nuovo, ma non so quale. – Sai, ho scoperto che c'è un sito dove puoi ____________________ i cellulari on line, praticamente in modo virtuale. Così puoi capire quale telefono è più adatto alle tue esigenze, prima di comprarlo.

c Poiché (loro) non ____________________ abbastanza prima della tournée, c'è voluta molta attenzione durante lo spettacolo.

d Ehi, Mimma, ieri (io) ____________________ una nuova ricetta veramente buona e facilissima da fare.

e La scorsa estate ho girato l'Inghilterra, la Scozia e l'Irlanda da solo, con zaino e sacco a pelo. È stata un'esperienza indimenticabile. Erano anni che non ____________________ una sensazione simile!

f Domenica prossima affronteremo una squadra difficile da battere. Sarà dura, ma ______________ a vincere.

g Senta, scusi, vorrei ______________ quel cappotto grigio che è in vetrina. – Sì, certo. Che taglia porta?

h Al corso di degustazione, dopo una parte teorica, i partecipanti ______________ vini bianchi, vini rossi e spumanti, valutandone l'origine, lo stato di conservazione e l'aroma.

i Guglielmo! ______________ un'altra volta a chiudere tua sorella nell'armadio e ti faccio vedere cosa ti succede!

j L'avvocato è riuscito a ______________ l'innocenza dell'imputato.

k Che stanno facendo Giuliana, Peppe e Angelo? – ______________ la nuova commedia che ha scritto Peppe. Pare che sia divertentissima.

l Scusi, com'è questo prosciutto crudo? Questo qui davanti? – Ottimo, signora. Prego, ne ______________ una fetta.

**Also? Mit welchen deutschen Verben lässt sich *provare* wiedergeben?**

______________________________________________

______________________________________________

| | |
|---|---|
| **se fossi** | wenn ich wäre |
| **la soddisfazione** | die Befriedigung |
| **il sito** | die Website |
| **virtuale** | virtuell |
| **l'esigenza** | der Anspruch |
| **lo zaino** | der Rucksack |
| **il sacco a pelo** | der Schlafsack |
| **indimenticabile** | unvergesslich |
| **affrontare** | antreten |
| **la squadra** | die Mannschaft |
| **battere** | schlagen |
| **la degustazione** | die Probe |
| **il partecipante** | der Teilnehmer |
| **valutare** | bewerten |
| **lo stato di conservazione** | der Erhaltungszustand |
| **l'innocenza** | die Unschuld |
| **l'imputato** | der Angeklagte |

## 69 Gegenteiliges: *Rendere possibile ciò che sembra impossibile.*

„Das Unmögliche möglich machen." *Possibile* (möglich) und *impossibile* (unmöglich) werden hier als zwei gegenteilige Adjektive gegenübergestellt. Dabei wird aus der positiven Form *possibile* durch Anhängen der Vorsilbe *im-* die negative Form *impossibile* gebildet. Ähnlich verfährt man mit vielen italienischen Adjektiven.

Die gebräuchlichsten Vorsilben sind *in-*, *il-*, *im-*, *ir-* und *s-*: z. B. *tollerabile* → ***in**tollerabile*, *lecito* → ***il**lecito*, *responsabile* → ***ir**responsabile*, *leale* → ***s**leale*. Es gibt leider keine feste Regel, wann man welche Vorsilbe gebraucht. Das ist Lernsache.

**Bilden Sie aus den folgenden Wortsegmenten Adjektive und ordnen Sie sie ihren deutschen Entsprechungen zu. Schreiben Sie dann das jeweilige Gegenteil daneben.**

ce | favo | rabile | polare | revole

bile | ~~mo~~ | gico | spiace | sto | ripe

illo | irraggiun | pace

le | vole | nale | gale

tese | tibile | infe | lare | ingiu | cor

perso | impo | feli | tabile

dele

indimen | immo | ~~rale~~ | inca | insospet

irrespi | gibile | ticabile | supe | rego | rabile

| | | | |
|---|---|---|---|
| moralisch | *morale* | → | *immorale* |
| günstig | | → | |
| nicht atembar | | → | |
| regelmäßig | | → | |
| unerreichbar | | → | |
| legal | | → | |
| untreu | | → | |
| ungerecht | | → | |
| wiederholbar | | → | |
| unlogisch | | → | |
| höflich | | → | |
| überwindbar | | → | |
| unbeweglich | | → | |
| unerfreulich | | → | |
| unvergesslich | | → | |
| ungeahnt | | → | |
| glücklich | | → | |
| persönlich | | → | |
| unpopulär | | → | |
| unfähig | | → | |

## 70 Dasselbe, nur anders!

In der folgenden Übung geht es um Sätze, die im Deutschen und im Italienischen die gleiche Bedeutung haben, sich aber im Satzbau und Gebrauch des Verbs erheblich unterscheiden, wie z. B. Mir ist warm. → ***Ho** caldo.*

**Ergänzen Sie mit folgenden Verben in der richtigen Zeitform: *andare, dare* (2×), *essere, dovere, trattare, fare* (3×), *sentirsi, avere* (4×), *stare* (2×), *venire.***

a Scusa, quanti anni ______________ ? – Ventiquattro.
b Come ______________ i tuoi genitori? – Bene, grazie.
c ______________ freddo qui! Si può accendere il riscaldamento?
d Potrei parlare con il dottor Rossi? Si ______________ di una questione urgente.
e I bambini ______________ sonno. Li porto a dormire.

f La nostra camera da letto ______________ sulla strada, purtroppo.
g Stasera dobbiamo mangiare le salsicce, altrimenti ______________ a male.
h Giorgio, quanto ti ______________ per il biglietto? – Niente, figurati!
i Bene, vi siete divertiti. Mi ______________ piacere.
j Martina, ______________ freddo? Ti prendo una coperta?
k Ieri sera mi ______________ in mente che abbiamo dimenticato di invitare Luca.
l Avanti, quanti anni mi ______________ ? – Mah, non ne ho idea.
m Ehi, Clelia, ______________ proprio bene / ______________ proprio un bell'aspetto!
n ______________ male. Forse è meglio se vado a casa.
o L'ombrello, che lo hai portato a ______________ ? Non piove!
p ______________ tanto che non vedo Vilma.

**Vergleichen Sie jetzt mit den Lösungen. Übersetzen Sie die Sätze dann ins Deutsche und denken Sie über die Unterschiede in beiden Sprachen nach.**

| | |
|---|---|
| **accendere** | anschalten |
| **il riscaldamento** | die Heizung |
| **la questione** | *hier* die Angelegenheit |
| **urgente** | dringend |
| **altrimenti** | sonst |
| **figurati** | *hier* ich bitte dich |
| **l'aspetto** | das Aussehen |
| **che ... a fare?** | wozu ...? |

## 71 Ein Wort … mehrere Bedeutungen

Einige Wörter haben im Deutschen und im Italienischen eine zweite oder sogar noch weitere Bedeutungen. Ein Beispiel: Das italienische Wort *riso* kann im Deutschen im Sinne von „Reis“, „Lachen“ oder „gelacht“ gebraucht werden; das deutsche Wort „Eis“ kann im Italienischen *ghiaccio*, aber auch *gelato* heißen. Im Folgenden weitere Kostproben.

**Vervollständigen Sie mit den unten stehenden Wörtern, die Sie evtl. auch mehrfach gebrauchen können. Geben Sie dann rechts dazu die passende deutsche Übersetzung an.**

ore pesca rosa borsa tasca peli capelli tempo pasta lettere taglia numero

a Abbiamo giocato a pallacanestro per tre __________ . ____________
b La __________ e la caccia non mi interessano per niente. ____________
c Scusa, mi dai il tuo __________ di telefono? ____________
d Che __________ sono? – Sono le cinque meno un quarto. ____________
e Ho comprato un olio per il corpo alla __________ . ____________
f Ho perso la __________ nera. Dentro c'erano la carta d'identità e la patente. ____________
g Non trovo il portafogli. – L'hai infilato nella __________ della giacca blu. ____________
h Hai un sacco di __________ sulle gambe. Perché non ti fai la ceretta? ____________

# 8

i Le __________ dell'alfabeto italiano sono 21.

j Mi piacerebbe mangiare una bella __________ sciroppata.

k Hai preparato la __________ per la pizza? – Sì, ma deve crescere.

l Da piccolo Massimo aveva i __________ ricci.

m Il __________ è brutto, non ho voglia di uscire.

n Ti va di andare a vedere una mostra? – No, non ho __________ .

o La __________ , la preferisci liscia o rigata?

p Vorrei provare quelle scarpe di camoscio. – Che __________ ha?

q Sono andato al bar e ho mangiato una __________ alla crema.

r Il __________ non mi piace, è un colore troppo femminile.

s Scrivere __________ oggi è fuori moda.

t Che __________ porta? – La 38.

| | |
|---|---|
| **la pallacanestro** | der Basketball *(Sportart)* |
| **la caccia** | die Jagd |
| **la carta d'identità** | der Personalausweis |
| **la patente** | der Führerschein |
| **il portafogli** | der Geldbeutel |
| **infilare** | einstecken |
| **la ceretta** | die Wachsenthaarung |
| **sciroppato** | eingemacht |
| **crescere** | *hier* (auf)gehen |
| **riccio** | lockig |
| **la mostra** | die Ausstellung |
| **liscio** | glatt |
| **rigato** | gerillt |
| **il camoscio** | das Wildleder |
| **fuori moda** | unmodisch |

## 72 Verwechslungsgefahr: *uno, alcuno, qualcuno, nessuno*

Bei den Wörtern *uno* (einer, jemand, ein), *alcuno* (kein, einige; siehe auch Übung 22), *qualcuno* (jemand, einer) und *nessuno* (kein, niemand) handelt es sich um Ausdrücke, die eine ähnliche Bedeutung haben und deshalb leicht verwechselt werden.

Am besten merken Sie sich: *uno, alcuno* und *nessuno* begleiten ein Substantiv oder stehen allein, *qualcuno* hingegen begleitet niemals ein Substantiv.

**Ergänzen Sie mit *uno, alcuno, qualcuno* oder *nessuno*, wo nötig mit der passenden Endung. Achtung! Manchmal sind mehrere Alternativen möglich.**

a ____________ mio amico mi ha detto che, secondo lui, sono portato per la musica.
b Quale cintura ti piace di più: questa qui di pelle o quella di stoffa? – Né l'____________ né l'altra.
c L'altro giorno Ada mi ha aggredito verbalmente, così all'improvviso, senza ____________ motivo!
d ____________ giorni fa ho assistito ad un furto. Ho avuto ____________ paura!
e So che sei bravissimo a disegnare. Mi fai vedere ____________ dei tuoi disegni?
f Sergio, c'è ____________ alla porta che cerca di te.
g Oh, guardi, questi sono pochi. Me ne da ____________ altro?
h Bambini, quando siete soli, non aprite la porta a ____________, per ____________ ragione!
i Dimmi, ieri alla festa c'era ____________ che conosco?
j Avrei bisogno di ____________ pratico di computer, perché io non ci capisco un tubo.
k Hai visto ____________? – No, non ho visto ____________.
l Non si preoccupi, è una cosa di ____________ importanza.
m State aspettando ____________?
n Ma perché ____________ mi dà ascolto?

| | |
|---|---|
| **secondo lui** | seiner Meinung nach |
| **essere portato (per)** | begabt sein |
| **la cintura** | der Gürtel |
| **la pelle** | das Leder |
| **né ... né** | weder ... noch |
| **aggredire** | angreifen |
| **verbalmente** | mit Worten |
| **all'improvviso** | plötzlich |
| **il motivo** | der Grund |
| **assistere** | beiwohnen |
| **il furto** | der Diebstahl |
| **disegnare** | zeichnen |
| **il disegno** | die Zeichnung |
| **la ragione** | *hier* der Grund |
| **pratico (di)** | geübt (im Umgang mit) |
| **non ci capisco un tubo** | (*ugs.*) ich verstehe nichts davon |
| **non si preoccupi** | machen Sie sich keine Sorgen |
| **dare ascolto a** | jdm. Gehör schenken |

## 73 Vorhang auf für das Wörtchen *ci*!

Haben Sie schon einmal einer italienischen Unterhaltung gelauscht? Dann wissen Sie ja, wie häufig das Wörtchen *ci* fällt. Nämlich ständig! Das liegt daran, dass *ci* äußerst vielfältig ist und in unterschiedlichen Kontexten gebraucht wird, und zwar:

- als Pronomen in der Bedeutung von „uns", z. B. *ci ha mandato;*
- als Pronomen zusammen mit *lo, la, li, le, ne* (wobei *ci* zu *ce* wird), z. B. *ce lo;*
- im Sinne von „dort / dorthin", „mit ihm / ihr / ihnen", „es", „darauf", „daran" usw.;
- im Zusammenwirken mit *essere* in der Bedeutung von „es gibt" oder „da ist / sind" (*c'è / ci sono*);
- als Verstärkung von *lo, la, li, le* + *avere* (wobei *ci* zu *ce* wird), z. B. *ce l'ho.*

**Setzen Sie *ci* (*c'* oder *ce*) dort ein, wo es erforderlich ist.**

a Domani _____ è un comizio del PD in piazza. Parla Fassino. _____ andiamo?
b Scusi, _____ ha una gomma per cancellare? – No, mi dispiace, non _____ l'ho.
c Hai parlato con Alba? – Sì, _____ ho parlato ieri sera.
d Lo sai che abbiamo trovato un barbone nascosto in cantina? – No, non _____ credo.
e Papà, _____ potresti accompagnare al centro commerciale?
f Scusi, sa dov'è una farmacia? – Sì, guardi, _____ è lì, vicino al bar.
g Non ho superato gli scritti d'inglese. – Dai, non _____ pensare, la prossima volta andrà bene.
h Il tuo oroscopo dice che questa settimana conoscerai l'uomo della tua vita. – Non _____ penso che sia possibile e comunque io non _____ credo nell'astrologia!
i Sai se i Molinari _____ hanno un cane? – Sì, _____ l'hanno.
j Stamattina _____ siamo alzati tardi perché ieri sera _____ siamo addormentati dopo mezzanotte.
k Nella strada dove abito non _____ sono né bar né ristoranti.
l Non è vero che _____ siamo cambiati. Siamo gli stessi di sempre!
m Vengono anche Riccardo e Sofia? – Sì, _____ li ho chiamati, _____ stanno aspettando.
n Funziona la tua affettatrice? _____ la potresti prestare per un giorno? La nostra si è rotta.
o Non mi daranno mai il trasferimento! Ormai _____ rinuncio.

| | |
|---|---|
| **il comizio** | die Kundgebung |
| **il PD (partito democratico)** | die Demokratische Partei |
| **la gomma per cancellare** | der Radiergummi |
| **il barbone** | der Penner |
| **la cantina** | der Keller |
| **il centro commerciale** | das Einkaufszentrum |
| **gli (esami) scritti** | die schriftlichen Prüfungen |
| **cambiare** | sich verändern |
| **l'affettatrice** | die Schneidemaschine |
| **il trasferimento** | die Versetzung |
| **ormai** | nun, jetzt |
| **rinunciare** | verzichten |

## 74 Feinschliff für Ihren Ausdruck: nützliche Wendungen

**Vervollständigen Sie mit den unten stehenden Ausdrücken.**

nel complesso · per fortuna · a bassa voce · al massimo · insomma (2×) · tutto sommato · di là · per caso · di persona · per iscritto · di corsa · ad alto volume · di qua

a ____________________ , adesso basta! Sono due ore che litigate!

b Beh, com'era l'albergo? – ____________________ la camera era vivibile, però era un po' triste perché l'arredamento era vecchiotto ...

c ____________________ , considerando che l'esame era duro, posso ritenermi soddisfatto. Certo, avrei potuto prendere un voto più alto ...

d Se non puoi andarci ____________________ , allora devi preparare una delega scritta alla persona incaricata e devi fare una fotocopia della carta d'identità.

e È ovvio ____________________ che, per risolvere la questione, bisognerà rivolgersi alle autorità competenti.

f La richiesta deve pervenire ____________________ , compilata e firmata, entro la fine di gennaio.

g Sandro, puoi venire un attimo ____________________ , per cortesia? Mi serve aiuto.

h Quando ho visto che il vigile mi stava facendo la multa, sono uscito ____________________ dal cancello.

i I miei figli ascoltano la musica perennemente ____________________ . I vicini, naturalmente, si sono lamentati più volte.

j Per piacere, parlate ____________________ . Nella stanza accanto c'è il bambino che dorme.

k Ci eravamo persi di vista del tutto e poi ci siamo incontrati, ____________________ , una sera in discoteca.

l Lo sai che Paola è stata derubata? Era alla fermata dell'autobus e due tipi sul motorino le hanno scippato la borsa. ____________________ non aveva molti soldi appresso!

m Ehi, ragazzi, andiamo ____________________ in salotto, così possiamo accomodarci sul divano!

n Secondo te, quanto costa? – Mah, ____________________ potrà costare 100 euro.

| | |
|---|---|
| **nel complesso** | im Großen und Ganzen |
| **al massimo** | höchstens |
| **insomma** | also bitte!, schließlich |
| **tutto sommato** | alles in allem |
| **di corsa** | rasch |
| **litigare** | streiten |
| **l'arredamento** | die Einrichtung |
| **vecchiotto** | ziemlich alt |
| **considerando** | in Anbetracht dessen |
| **ritenersi soddisfatto** | zufrieden sein können |
| **la delega** | die Vollmacht |
| **incaricato** | beauftragt |
| **ovvio** | selbstverständlich |
| **le autorità competenti** | die zuständige Behörde |
| **pervenire** | eingehen |
| **compilato** | ausgefüllt |
| **il vigile** | der Verkehrspolizist |
| **la multa** | der Strafzettel |
| **perennemente** | andauernd |
| **perdersi di vista** | sich aus den Augen verlieren |
| **derubare** | berauben |
| **scippare** | entreißen |
| **appresso** | bei sich |

## 75 „Als" und seine italienischen Geschwister

Um das deutsche „als" wiederzugeben, gibt es im Italienischen folgende Möglichkeiten:

- ***quando*** = „als" zur Einleitung von Nebensätzen der Zeit:

  | | |
  |---|---|
  | ***Quando*** *sono arrivato non c'era più nessuno.* | **Als** ich kam, war keiner mehr da. |

- ***di*** oder ***che*** = „als" bei Vergleichen:

  | | |
  |---|---|
  | *Lara è più studiosa* ***di*** *te.* | Lara ist fleißiger **als** du. |
  | *Mi piace di più andare al cinema* ***che*** *in discoteca.* | Ich gehe lieber ins Kino **als** in die Disco. |

- ***come*** oder ***da*** = „als" im Sinne von „in der Eigenschaft":

  | | |
  |---|---|
  | ***Come*** *insegnante Davide è bravo!* | **Als** Lehrer ist David gut! |
  | ***Da*** *piccolo ero timido.* | **Als** ich klein war, war ich schüchtern. |

**Verbinden Sie die linke mit der rechten Spalte zu sinnvollen Sätzen und ergänzen Sie sie mit *quando, di* (evtl. + Artikel), *che, come* oder *da*.**

| | | | |
|---|---|---|---|
| a | Bettina lavora ________ infermiera ... | 1 | ________ prendere la macchina. |
| b | ________ ci siamo conosciuti, ... | 2 | il nome di tutte le capitali del mondo. |
| c | Tu sei molto più alto ... | 3 | è scoppiata in lacrime. |
| d | ________ bambino Fabio sapeva a memoria ... | 4 | interessanti ________ romanzi d'amore. |
| e | Secondo me, è meno rilassante viaggiare ... | 5 | ha lavorato per anni ________ animatore al Club Med. |
| f | Siamo arrivati al cinema ... | 6 | ________ me! |
| g | È meglio camminare ... | 7 | io avevo appena quindici anni. |
| h | Toni è un tipo allegro, ama stare in compagnia e infatti ... | 8 | mascherare ________ zingara. |
| i | A carnevale mi voglio ... | 9 | ________ quello in cui vivevamo prima. |
| j | Penso che i libri gialli siano più ... | 10 | ________ il film era già cominciato. |
| k | Il nuovo appartamento è più spazioso .... | 11 | in auto ________ in treno o in aereo. |
| l | ________ le ho detto che non l'amavo, ... | 12 | all'ospedale Cardarelli di Napoli. |

| | |
|---|---|
| **l'infermiera** | die Krankenschwester |
| **a memoria** | auswendig |
| **allegro** | lustig |
| **la compagnia** | die Gesellschaft |
| **il libro giallo** | der Krimi |
| **spazioso** | geräumig |
| **la capitale** | die Hauptstadt |
| **scoppiare in lacrime** | in Tränen ausbrechen |
| **appena** | gerade |
| **mascherarsi** | sich verkleiden |
| **la zingara** | die Zigeunerin |

## 76 *Che* und *cui:* zwei Relativpronomen in Aktion

Hier geht es um *che* (siehe auch Übung 63) und *cui*. Im Deutschen entsprechen sie „der, die, das". Einige Beispiele:

*Marco, **che** conosco da alcuni anni, è un ragazzo simpatico.* — *che* → den
*Marta, **che** conosco da alcuni anni, è una ragazza simpatica.* — *che* → die
*Ho incontrato Gianni e Vera con **cui** ho studiato al liceo.* — *cui* → denen
*Ho incontrato Vera con **cui** ho studiato al liceo.* — *cui* → der

Wie Sie sehen, werden *che* und *cui* – im Gegensatz zu „der, die, das" – nicht an ihr Bezugswort angepasst: Ihre Form bleibt immer gleich. Wann aber verwendet man *che*, und wann *cui*? Die einfachste Regel ist: Bei Präpositionen verwendet man *cui* (z. B. *con cui*), in allen anderen Fällen *che*.

**Bilden Sie Sätze mit *che* oder *cui* und den jeweils angegebenen Elementen.**

a ho visto | è piaciuto | un film | molto. | mi

______________________________

b è | una persona | sempre | Viola | su | posso | contare.

______________________________

c sono nata | il paese | piccolissimo. | in | è

______________________________

d raccontare | ti | una barzelletta | ieri. | devo | ho sentito

______________________________

e Alberto. si è innamorato la ragazza ho conosciuto di

f la moto Rocco. ho fatto con mi aveva prestato un incidente

g ho ti le scarpe comprato? nuove piacciono

h a ti non riferisci. la vicenda conosco

i cena siamo andati a nel ci avevi consigliato. ristorante

j con i ragazzi di l'appartamento Genova. divido sono

k alla cena di non andare a sono stato invitato. ho deciso

l ti metti perché non ti la nonna? ha regalato il vestito

| | |
|---|---|
| **contare** | zählen |
| **il paese** | *hier* das Dorf |
| **la barzelletta** | der Witz |
| **innamorarsi (di)** | sich verlieben (in) |
| **l'incidente,** *m* | der Unfall |
| **riferirsi** | sich beziehen |
| **la vicenda** | das Ereignis |
| **dividere** | teilen |
| **mettersi** | anziehen |

## 77 Vorsicht Falle: *diventare* und „werden"

Die direkte Übersetzung von „werden" ist *diventare*. Es gibt aber einige deutsche Ausdrücke mit „werden", die im Italienischen ohne *diventare* wiedergegeben werden: z. B. kann „rot werden" sowohl *diventare rosso* als auch *arrossire* heißen; „gesund werden" übersetzt man hingegen einfach nur mit *guarire* (nicht ~~*diventare sano*~~!). In der folgenden Übung lernen Sie die üblichsten Fälle.

**Verbinden Sie die links stehenden deutschen Sätze mit den italienischen Entsprechungen. Vervollständigen Sie dann die italienischen Sätze mit den folgenden Angaben:**

va peggiorato si sono fatti si è fatto venuto dimagrito
comincia si raffredda migliorare impazzito si è fatta

| | | | |
|---|---|---|---|
| a | Ich bin krank geworden. | 1 | Il latte scade domani. Bevilo, altrimenti ___ a male. |
| b | Meine Oma ist alt geworden. | 2 | Il servizio clienti è ___ . |
| c | Die Milch läuft morgen ab. Trink sie bitte, sonst wird sie schlecht. | 3 | I tuoi figli sono cresciuti / ___ grandi / sono diventati grandi. |
| d | Bist du verrückt geworden? | 4 | ___ tardi. Devo andare via. |
| e | Ich bin sehr dick geworden. | 5 | È ___ bene il quadro. |
| f | Es wird kalt. Es ist besser, wir gehen rein. | 6 | Sei proprio ___ ! / Come ti sei fatto magro! |
| g | Das Wetter sollte besser werden. | 7 | ___ a far freddo. È meglio se entriamo. |
| h | Das Bild ist schön geworden. | 8 | Mangia, altrimenti la pasta ___ . |
| i | Bist du nass geworden? | 9 | Mi sono ammalato. |
| j | Der Kundenservice ist schlechter geworden. | 10 | Il tempo dovrebbe ___ . |
| k | Iss bitte, sonst werden die Nudeln kalt. | 11 | Andrà tutto bene. |
| l | Es ist spät geworden. Ich muss weg. | 12 | Ti sei bagnato? |
| m | Deine Söhne sind groß geworden. | 13 | Ma sei ___ / sei diventato matto? |
| n | Jetzt werde ich echt böse. | 14 | Adesso mi arrabbio sul serio. |
| o | Es wird alles gut werden. | 15 | Mia nonna è invecchiata / ___ vecchia. |
| p | Du bist aber dünn geworden! | 16 | Mi sono ingrassato. / Sono ingrassato. |

**Erstellen Sie jetzt auf der Basis der Sätze auf Seite 127 eine Liste deutscher Ausdrücke mit „werden" und ihren italienischen Entsprechungenen.**

krank werden → *ammalarsi*
alt werden → ______
schlecht werden → ______
verrückt werden → ______
dick werden → ______
kalt werden → ______
besser werden → ______
schön werden → ______
nass werden → ______
schlechter werden → ______
spät werden → ______
groß werden → ______
böse werden → ______
gut werden → ______
dünn werden → ______

## 78 Verluste am laufenden Band: *perdere*

*Perdere* übersetzt man meistens mit „verlieren". In dieser Übung werden Sie aber feststellen, dass das Verb *perdere* und seine reflexive Form *perdersi* noch viele andere Bedeutungen besitzen können. Dabei üben Sie auch einige Redewendungen mit *perdere* oder *perdersi*.

**Ergänzen Sie mit *perdere* oder *perdersi* in der richtigen Form.**

a Uffa! (Io) ______ le chiavi per l'ennesima volta! Non so dove le ho messe!
b Il mese prossimo farò un viaggio con i miei genitori per due settimane e quindi ______ due lezioni.
c Siccome (loro) ______ il tram, hanno dovuto prendere un tassì.
d Cosa hai fatto ieri? – Guarda, ______ tutta la giornata dal medico!
e Gabriella ______ la testa per un ragazzo che ha conosciuto in vacanza.

f Senta scusi, (noi) ________________ . Ci può dire dov'è il casello dell'autostrada?
g Quando ero piccolo e andavo a trovare i nonni, ________________ spesso nel parco che dovevo attraversare per arrivare a casa loro.
h Se non ti sbrighi, ________________ il treno.
i Mario, dobbiamo chiamare l'idraulico: il rubinetto ________________ .
j Se continuerete a studiare così poco, ________________ l'anno.
k C'è stato un incidente molto grave: due persone ________________ la vita e una terza è in condizioni gravissime.
l Allora, avete vinto? – No purtroppo ________________ .
m Da piccola Annabella era molto insicura. ________________ in un bicchier d'acqua per ogni minima cosa.
n Mio marito è appassionato di calcio. Non ________________ una partita della sua squadra del cuore!

**Welche Entsprechungen gibt es im Deutschen für *perdere* und *perdersi*?**

________________________________________

________________________________________

**Wie lauten folgende Redewendungen im Italienischen?**

| | |
|---|---|
| ________________ | den Kopf verlieren |
| ________________ | in einem Glas Wasser ertrinken |
| ________________ | sitzen bleiben |
| ________________ | ums Leben kommen |

| | |
|---|---|
| **per l'ennesima volta** | zum x-ten Mal |
| **siccome** | da, weil |
| **il casello dell'autostrada** | die Mautstelle |
| **attraversare** | *hier* durchqueren |
| **sbrigarsi** | sich beeilen |
| **l'idraulico** | der Klempner |
| **il rubinetto** | der Wasserhahn |
| **per ogni minima cosa** | bei jeder Kleinigkeit |
| **appassionato** | begeistert |

## 79 Besondere Verben für besondere Anlässe!

Hier beschäftigen wir uns mit zusammengesetzten italienischen Verben, deren Besonderheit darin besteht, dass sie aus Verb und Pronomen gebildet werden (z. B. *smetter-la*). Es gilt Folgendes zu beachten:

- In einigen Fällen haben die Pronomen, die Teil des Verbs sind, keine Eigenbedeutung und bleiben immer unverändert: z. B. *smetterla* → ***la*** *smetto* (ich höre auf).
- In anderen Fällen jedoch üben die Pronomen eine Verstärkungsfunktion auf das Verb aus und werden flektiert: z. B. *cavarsela* → ***me*** *la cavo* (ich komme zurecht).

**Kreuzen Sie die richtige Form an.**

a Come ______________ in inglese? – Così così.
- ☐ ci capisci
- ☐ te la cavi

b ______________ di sentirvi litigare.
- ☐ Non ne posso più
- ☐ Non me la prendo

c Siamo stanchi e quindi non ______________ di uscire.
- ☐ se la sentiamo
- ☐ ce la sentiamo

d Sei troppo debole con tuo figlio. ______________ sempre vinta.
- ☐ Gliela dai
- ☐ Ce la metti

e ______________ ad arrivare per le cinque?
- ☐ La smetti
- ☐ Ce la fai

f Se ______________ tutta, raggiungerai un ottimo risultato.
- ☐ ce la metterai
- ☐ te la metterai

g La mia migliore amica esce con il mio ex, ma non ______________ niente.
- ☐ me ne frega
- ☐ ce l'ho

h La devi ______________ di urlare!
- ☐ smettere
- ☐ prendere

i Sono arrivato alle due e ______________ alle quattro.
- ☐ se ne sono andato
- ☐ me ne sono andato

j Mamma mia, sei sempre arrabbiato, ______________ con tutti! Ma che ti succede?
- ☐ ce l'hai
- ☐ te la cavi

k Non ______________ con Renzo, lui non ha fatto proprio niente. Non è colpa sua.
- ☐ prendertela
- ☐ prenderla

l Scusami, non ______________ .
- ☐ l'ho fatto apposta
- ☐ me ne sono andato

**Tragen Sie nun die italienischen Verben ihren deutschen Bedeutungen entsprechend ein.**

| | |
|---|---|
| ______________ | sich danach fühlen |
| ______________ | nicht mehr können |
| ______________ | nachgeben |
| ______________ | zurechtkommen |
| ______________ | aufhören |
| ______________ | weggehen |
| ______________ | darauf pfeifen |
| ______________ | die Schuld geben |
| ______________ | es schaffen |
| ______________ | auf jdn. böse sein |
| ______________ | alles daransetzen |
| ______________ | es absichtlich tun |

## 80 Wortschatz im Kontext: *posta elettronica*

Mit einer fiktiven E-Mail üben Sie Substantive, Verben, Präpositionen, Adverbien, Adjektive und Konjunktionen bunt gemischt!

**Vervollständigen Sie folgende E-Mail mit den unten stehenden Angaben.**

perciò fammi alcuni va l'hai sentita potremmo scalo molto
tra si dice dove siete messi più per basterebbe ci vorrebbe
le elezioni però una cortesia durante ne di limitata

A: Mann, Peter
Cc:
Oggetto: un'informazione

Arial 10 G C S

Ciao, Peter,
come stai? Che ________________ in Germania? Noi qui siamo in piena campagna elettorale. ________________ un paio di mesi ci saranno ________________, l'hai sentito? E sì, il governo è caduto, di nuovo, e ________________ si torna a votare. Ma come si farà a salvare l'Italia? ________________ un miracolo!
La storia dei rifiuti a Napoli ________________ certamente. Una vergogna! Meno male che voi tedeschi vi ________________ a disposizione per liberare Napoli e dintorni dalle montagne ________________ immondizie. Questa, però, è una misura d'emergenza. Il problema ________________ risolto alla radice. Vabbè, lasciamo perdere la politica ...
Ti volevo chiedere ________________. A settembre ________________ miei amici vorrebbero venire a Monaco per l'Oktoberfest. Conosci per caso una pensione economica ________________ potrebbero pernottare? So che ________________ il periodo della festa i prezzi sono ________________ alti del solito, ma la disponibilità economica dei miei amici è ________________. A loro ________________ una pensione semplice, senza troppe pretese. Mi potresti aiutare? Te ne sarei ________________ grata.

Il 15 parto ______________ un viaggio d'affari e passo dalle tue parti.
L'aereo fa ______________ a Monaco e quindi ho alcune ore libere.
______________ incontrarci, che ______________ dici? Hai tempo?
Dovresti ______________ raggiungermi all'aeroporto. ______________ sapere.

Cari saluti
Veronica

| | |
|---|---|
| **lo scalo** | die Zwischenlandung |
| **le elezioni** | die Wahlen |
| **la cortesia** | die Gefälligkeit |
| **la campagna elettorale** | der Wahlkampf |
| **il governo** | die Regierung |
| **cadere** | stürzen |
| **votare** | wählen |
| **salvare** | retten |
| **il miracolo** | das Wunder |
| **i rifiuti, le immondizie** | der Abfall |
| **la vergogna** | die Schande |
| **la disposizione** | die Bereitschaft |
| **i dintorni** | die Umgebung |
| **la misura d'emergenza** | die Notmaßnahme |
| **risolvere un problema alla radice** | ein Problem an der Wurzel packen |
| **la disponibilità economica** | die finanziellen Möglichkeiten |
| **la pretesa** | der Anspruch |
| **grato** | dankbar |
| **raggiungere** | *hier* kommen |

## 81 Die liebe Verwandtschaft: *lavoro, lavoratore, lavorare …*

Auf dieser Seite geht es um Wörter, die formal und inhaltlich verwandt sind: *lavoro* (Arbeit) → *lavorare* (arbeiten) → *lavoratore* (Arbeiter); *dirigere* (leiten) → *direttore* (Leiter) …

**Finden Sie verwandte Begriffe zu den kursiv gesetzten Wörtern und tragen Sie sie in das *cruciverba* ein.**

**Orizzontali**

6 Chi è in *pericolo* si trova in una situazione _____ .
9 Chi fa molto *sport* è una persona _____ .
12 Chi ama *leggere* è interessato alla _____ .
14 La caratteristica di una persona *simpatica* è la _____ .
15 Chi *decide* qualcosa prende una _____ .
16 Chi *canta* per professione è un _____ .
17 Il medico che cura i *denti* si chiama _____ .
18 È _____ chi vive in *solitudine*.

**Verticali**

1 La _____ è la qualità di una persona o di una cosa *bella*.
2 Una cosa che procura *noia* è una cosa _____ .
3 Chi vuole *cambiare* qualcosa, vuole un _____ .
4 Chi gioca in una squadra di *calcio* fa il _____ .
5 Chi scrive per un *giornale* fa il _____ .
7 L' _____ è la caratteristica di chi è *onesto*.
8 Un laureato in *farmacia*, che vende medicine, è un _____ .
10 La *serietà* è la caratteristica di un uomo _____ .
11 Chi ama l'*ordine* è _____ .
13 Se vuoi *aiutare* qualcuno, gli offri il tuo _____ .

## 82 Welches Wort für „welcher, -e, -es"?

Das Wort „welcher, -e, -es" hat im Italienischen mehrere Entsprechungen, je nachdem, welche Funktion es im Satz ausübt. Beachten Sie folgende Beispiele:

| | |
|---|---|
| ***Quale** cappello ti piace?* | **Welcher** Hut gefällt dir? |
| *L'insegnante con **la quale** / con **cui** studio l'italiano si chiama Carla.* | Die Lehrerin, bei **welcher** ich Italienisch lerne, heißt Carla. |
| ***Che** vergogna!* | **Welch** eine Schande! |
| *Conosco **qualcuno** che non lo sa. / Conosco **alcune persone** che non lo sanno.* | Ich kenne **welche**, die das nicht wissen. |
| *Hai dello zucchero? – Sì, **ne** ho ancora.* | Hast du Zucker? – Ja, ich habe noch **welchen**. |

**Übersetzen Sie.**

a Welchen Unterschied gibt es zwischen Knödeln und Gnocchi?

______________________________

b Welch eine Freude dich wiederzusehen!

______________________________

c Soll ich Obst kaufen gehen? – Nein, wir haben noch welches.

______________________________

d In welcher Straße wohnen Sie?

______________________________

e Ich kenne Leute, die ständig essen gehen. Ich kenne aber auch welche, die lieber selber kochen.

f Sie haben das Haus abgerissen, in welchem wir als Kinder gelebt haben.

g Ich bräuchte Heftklammern. Hast du welche?

h Welche Brille soll ich kaufen?

i Wir brauchen neue Vorhänge. – Ich habe welche im Geschäft an der Ecke gesehen.

j Sie haben ein Haus geerbt, auf welchem eine Hypothek lastet.

k Wir treffen uns vor dem Kino. – Um welche Zeit?

l Auf der Homepage gibt es ein Formular, welches man ausfüllen muss.

| | |
|---|---|
| **la differenza** | der Unterschied |
| **il canederlo** | der Knödel |
| **il piacere** | die Freude |
| **rivedere** | wiedersehen |
| **sempre** | ständig |
| **andare a mangiare** | essen gehen |
| **preferire** | *hier* lieber selber |
| **demolire** | abreißen |
| **da** | *hier* als |
| **servire** | brauchen |
| **la graffetta** | die Heftklammer |
| **la tenda** | der Vorhang |
| **ereditare** | erben |
| **l'ipoteca** | die Hypothek |
| **gravare (su)** | lasten (auf) |
| **davanti** | vor |
| **il modulo** | das Formular |
| **compilare** | ausfüllen |

## 83 Kleines Wort ganz groß: *ne*

Das Wörtchen *ne* hat im italienischen Satz folgende Aufgaben:

– *Ne* drückt Teilmengen im Sinne von „davon" aus (entfällt im Deutschen oft).

| | |
|---|---|
| *Ho visto i palloncini e **ne** ho comprato uno.* | Ich habe die Luftballons gesehen und einen (davon) gekauft. |

– *Ne* ersetzt Satzteile, die von *di* eingeleitet werden, im Sinne von: „damit, es, dazu, darüber, davon usw."

| | |
|---|---|
| *Sono contenta del risultato.* | Ich bin mit dem Ergebnis zufrieden. |
| → ***Ne** sono contenta.* | → Ich bin damit zufrieden. |

– *Ne* ersetzt Ortsangaben im Sinne von „von dort" (im Deutschen oft unübersetzt).

| | |
|---|---|
| *Sono entrato in banca alle tre e **ne** sono uscito alle cinque.* | Ich bin um drei zur Bank gegangen und um fünf (von dort) wieder herausgekommen. |

**Bilden Sie Minidialoge mit *ne* und den jeweils angegebenen Elementen.**

a voglia. andiamo no, in discoteca? non ho

*Andiamo in discoteca?* – *No, non ne ho voglia.*

b no, vado. rimani me un po'? io ancora

__________ – __________

c fumate troppe. grazie, una sigaretta? no ho già vuoi

__________ – __________

d vuole? ha quanta la mortadella?

__________ – __________

e domani? ti la macchina no, ho bisogno. non serve

__________ – __________

f convinto convintissimo! della decisione? sono è

__________ – __________

g hai uno! due ho uova? solo

__________ – __________

h problema. ho parlare? vuoi un

__________ – __________

i andato sei in sì, vengo adesso. proprio chiesa?

__________ – __________

j grazie, prendi un sì, cioccolatino! uno. prendo

_______________ – _______________

k dubito. Marta pensi cambi che idea?

_______________ – _______________

l cambiare vorrei dice? tuo marito lavoro. che

_______________ – _______________

| | |
|---|---|
| **avere bisogno, servire** | brauchen |
| **convinto** | überzeugt |
| **la decisione** | die Entscheidung |
| **proprio** | gerade |
| **dubitare** | zweifeln |
| **il marito** | der Ehemann |

## 84 Vielleicht „vielleicht“: *forse* und *magari*

*Forse* und *magari* heißen beide „vielleicht“, aber *magari* bedeutet auch „schön wär's“. Der Unterschied zwischen *forse* und *magari* ist ein sehr feiner und hängt in einigen Fällen vom Kontext ab:

- *Forse* heißt immer „vielleicht“ im Sinne von „wahrscheinlich“ oder „möglicherweise“.
- Während *magari* „vielleicht“ im Sinne von „eventuell“ oder „vielleicht besser“ bedeutet.

**Setzen Sie *forse* oder *magari* ein. Achtung! An einigen Stellen ist beides möglich.**

a __________ domenica viene a trovarmi Rosa.
b __________ ti chiamo prima di avviarmi, così mi puoi aspettare giù, vicino al cancello.
c Quanti anni avrà Lucia? – __________ trenta.
d Quando torni? – Alle otto o __________ anche alle sette e mezza, se la riunione dovesse finire prima.
e Che ore sono? – Mm, __________ le dieci.
f Allora, ti iscrivi al corso di yoga? – __________ no.

g Non è escluso che la vittima, ________ uno straniero, conoscesse bene l'aggressore.
h ________ i miei genitori mi dessero il permesso di partecipare alla gita di classe!
i ________ ho capito perché il computer non funziona tanto bene.
j ________ potessi lavorare a casa senza dovermi alzare ogni mattina alle sei!
k Se hai qualche consiglio e ________ qualche ricetta nuova da provare, te ne sarei davvero grata.
l Lei è ________ il figlio del dottor Marconi?
m ________ , se posso, faccio un salto da te nel pomeriggio.
n Ti piacerebbe vincere la lotteria di capodanno? – Eh, ________ !
o Andiamo a piedi? – No, guarda, ________ è meglio se prendiamo la macchina.

| | |
|---|---|
| **avviarsi** | sich auf den Weg machen |
| **il cancello** | das Tor |
| **la riunione** | die Sitzung |
| **escludere** | ausschließen |
| **la vittima** | das Opfer |
| **l'aggressore,** *m* | der Angreifer |
| **il permesso** | die Erlaubnis |
| **la gita di classe** | die Klassenfahrt |
| **grato** | dankbar |
| **fare un salto** | *hier* auf einen Sprung vorbeikommen |
| **il capodanno** | das Neujahr |

## 85 *Primo, prima, primi, prime*: ähnliche Wörter, große Unterschiede

Die Wörter *primo, prima, primi, prime* sind formal sehr ähnlich und daher leicht zu verwechseln. Ein guter Grund, sie zu üben (siehe auch Übung 123). Achten Sie auf die folgenden unterschiedlichen Bedeutungen und Anwendungen:

*primo ... poi / secondo* → erstens ... dann / zweitens
*primo / prima / primi / prime* (als Adjektive) → erster / erste / erstes
*prima* → früher, vorher, zuvor, erst
*prima ... poi* → erst ... und dann (zeitliche Reihenfolge)

**Ergänzen Sie mit *primo, prima, primi* oder *prime*.**

a ______ fai i compiti e poi puoi guardare la televisione.
b Non lo compro: ______ perché costa troppo e poi perché non è un oggetto indispensabile!
c Il piccolo Dario ha fatto i ______ passi a 12 mesi.
d Allora, ______ mangiamo qualcosa, poi andiamo al cinema e poi magari in discoteca.
e Armstrong è il nome del ______ astronauta che è arrivato sulla luna.
f ______ al supermercato ho incontrato Elpidio che mi ha raccontato quello che gli è successo.
g ______ mangiavo molta verdura.
h ______ : in classe i cellulari vanno spenti. Secondo: durante la lezione non si mangia.
i Dimmi la ______ cosa che ti viene in mente.
j Hai visto Chiara? – Sì, l'ho incontrata ______ in salumeria.
k Il ______ ragazzo che ho avuto portava l'apparecchio ai denti.

l Stasera, ______ andiamo al cinema e poi a mangiare una pizza.
m Ti è piaciuto il film? – Guarda, no! ______ perché era in lingua originale e quindi non ho capito quasi niente, e poi il tema era noioso ...
n "Mamma" e "pappa" sono state le ______ parole che ha detto mio figlio.
o Ho preparato due ______ piatti e un contorno.
p Perché hai licenziato la domestica? – ______ , perché arrivava sempre tardi e poi perché era superficiale.

| | |
|---|---|
| **indispensabile** | unentbehrlich |
| **il passo** | der Schritt |
| **la luna** | der Mond |
| **succedere** | passieren, geschehen |
| **vanno spenti** | (sie) müssen ausgeschaltet werden |
| **venire in mente** | einfallen |
| **la salumeria** | das Wurstwarengeschäft |
| **l'apparecchio ai denti** | die Zahnspange |
| **noioso** | langweilig |
| **la pappa** | der Brei |
| **il piatto** | *hier* der Gang |
| **il contorno** | die Beilage |
| **licenziare** | kündigen |
| **la domestica** | die Putzfrau |
| **superficiale** | oberflächlich |

## 86 *Cambiare*: ein wechselhaftes Verb

Je nach Kontext bedeutet *cambiare* im Deutschen „wechseln, auswechseln, ändern, verändern, umsteigen, sich verändern, tauschen". Die reflexive Form *cambiarsi* kann außerdem „sich umziehen" heißen. Zudem gibt es feststehende Ausdrücke, die mit „*cambiare* + Substantiv" gebildet werden, im Deutschen aber oft anders wiedergegeben werden: z. B. *cambiare l'aria* → lüften.

**Ergänzen Sie mit *cambiare* oder *cambiarsi* ( ______ ) und den unten stehenden Angaben ( ........ ). Verwenden Sie dabei die Zeitform, die rechts angegeben ist.**

canale   mille euro   a Caserta   la marmitta   argomento   parrucchiere
casa   posto   idea   marcia

a Senta, vorrei ________________ ................ in sterline. È possibile? — infinito

b Il meccanico ha detto che va ________________ ................ . — participio passato

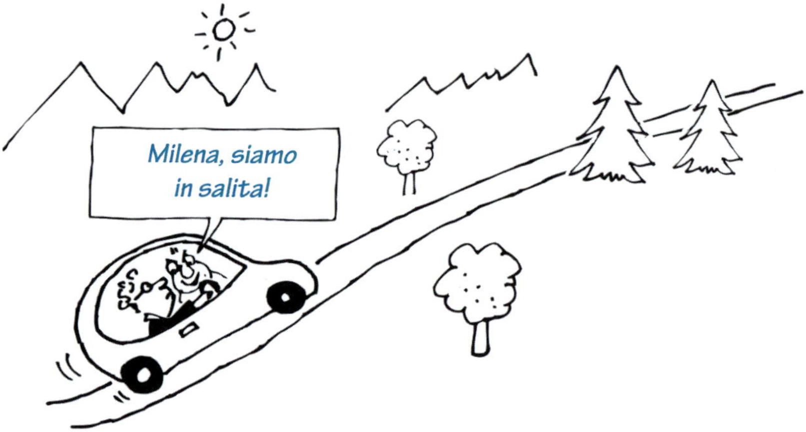


c Signora, per andare a Salerno deve
________ ................. . — infinito, passato prossimo

d Da quando si è separato, Lorenzo ________ :
si veste in modo più giovanile e ha cominciato
a fumare.

e Milena, siamo in salita!
________ ................. , — imperativo
altrimenti la macchina non ce la fa.

f Lo sai che Martina e Walter
________ ................. ? — passato prossimo
Si sono comprati una villetta in periferia.

g Questa trasmissione è penosa! Posso
________ ................. ? — infinito

h Questa gonna mi sta male. È meglio se — presente
________ , mi metto i pantaloni.

i Che bella pettinatura! – Grazie! Sai,
(io) ________ ................. . — passato prossimo

j Ragazzi, adesso basta con la politica!
________ ................. . Non ne posso più. — imperativo

k ________ ................. : non vengo al — passato prossimo
concerto, costa troppo.

l Ma dove sono le posate? – Gli ________ — passato prossimo
................. . Le ho messe nell'ultimo cassetto.

**Vervollständigen Sie jetzt die Ausdrücke mit Hilfe der obigen Sätze.**

| | |
|---|---|
| cambiare ______________ | umziehen |
| cambiare ______________ | Thema wechseln |
| cambiare ______________ | umstellen, umräumen |
| cambiare ______________ | umschalten (Radio u. ä.) |
| cambiare ______________ | (um)schalten (Auto u. ä.) |
| cambiare ______________ | die Meinung ändern |

| | |
|---|---|
| **la marmitta** | der Auspuff |
| **la marcia** | *hier* der Gang |
| **la sterlina** | Sterling |
| **in salita** | bergauf |
| **la trasmissione** | die Sendung |
| **penoso** | peinlich |
| **la pettinatura** | die Frisur |
| **le posate** | das Besteck |

## 87 „Laisser-faire" auf Italienisch: *lasciare* und *far fare*

Abgesehen von einigen feststehenden Ausdrücken wird *lasciare* im Italienischen weit weniger häufig verwendet als das entsprechende „lassen" im Deutschen. Denn:

- Die Struktur „Infinitiv + lassen" – im Sinne von „lassen", „zulassen", „veranlassen" – wird im Italienischen mit dem Verb *„fare* + Infinitiv" ausgedrückt: *far(e) mangiare* = essen lassen.
- Wenn *fare* im Sinne von „zulassen" gebraucht wird, dann kann es durch *lasciare* ersetzt werden: *fare giocare* → *lasciare giocare* = spielen lassen.
- „Etwas tun lassen" heißt *far fare*, also zweimal hintereinander das Verb *fare*.

**Verbinden Sie zunächst die deutschen Sätze mit ihren italienischen Entsprechungen. Vervollständigen Sie dann die italienischen Sätze mit der passenden Form von *fare* oder *lasciare* (evtl. + Pronomen). Achtung! In einem Fall sind beide Verben möglich.**

a Ich lasse die Kinder einen Spaziergang machen.
b Er / Sie hat mich zwei Stunden in der Kälte warten lassen!
c Ich habe mir wehgetan. – Lass mich mal sehen.
d Lässt du ihn bitte in Ruhe? Siehst du nicht, dass er müde und gereizt ist!
e Soll ich die Kinder wecken oder lasse ich sie noch ein bisschen schlafen?
f Lässt du mich eine Runde auf deinem Moped fahren?
g Warum hast du die Uni verlassen?
h Du hast mich blamiert.
i Soll ich zumachen? – Nein, lass offen.
j Die Birne ist durchgebrannt. Man muss sie auswechseln. – Lassen Sie es den Hausmeister machen.
k Wenn die Putzfrau kommt, lass sie alle Fenster putzen. Sie sind echt schmutzig.
l Dr. Casini ist da. – Lassen Sie ihn herein.
m Lass mich wissen, ob du auch mitkommst, damit ich Karten besorgen kann.
n Hast du das Fahrrad reparieren lassen?

1 Mi __________ aspettare due ore al freddo!
2 È arrivato il dottor Casini. – Lo __________ entrare.
3 __________ fare una passeggiata ai bambini.
4 __________ sapere se vieni anche tu, così prendo i biglietti.
5 Chiudo? – No, __________ aperto.
6 I bambini li sveglio o li __________ dormire un altro po'?
7 __________ riparare la bicicletta?
8 Perché __________ l'università?
9 Mi sono fatto male! – __________ vedere.
10 __________ fare un giro sul tuo motorino?
11 Si è fulminata la lampadina. Bisogna cambiarla. – Lo __________ fare al custode.
12 Lo __________ stare, per piacere? Non vedi che è stanco e nervoso!
13 Quando viene la domestica, __________ lavare tutti i vetri. Sono veramente sporchi.
14 Mi __________ fare una brutta figura!

## 88 Bekommen: *ricevere* und *ottenere*

Bei den Verben *ricevere* und *ottenere* liegt der Unterschied im Detail: *Ricevere* entspricht den deutschen Verben „bekommen, erhalten, empfangen", *ottenere* bedeutet ebenfalls „bekommen" oder „erhalten", allerdings im Sinne von „etwas erzielen / erreichen".

Achtung: Das Verb „bekommen" wird im Deutschen in feststehenden Ausdrücken gebraucht, die im Italienischen weder mit *ricevere* noch mit *ottenere* ausgedrückt werden. Beispiel: Sie <u>bekommen</u> 20 Euro von mir. → *Le **devo** 20 euro.*

**Welches Verb passt besser? Kreuzen Sie die richtige Form an.**

a Volevamo partire il 27 aprile con il treno ma non _______ posto.
- ☐ abbiamo ricevuto
- ☐ abbiamo trovato

b Se fai un ordine di almeno 100 euro, _______ un libro in omaggio.
- ☐ ricevi
- ☐ ottieni

c Il dottor Sacchi _______ dalle 8.00 alle 12.00.
- ☐ riceve
- ☐ ottiene

d Anna ha i brividi. Penso che _______ la febbre.
- ☐ le stia venendo
- ☐ stia ricevendo

e Poiché sono cliente in quel negozio, per Natale _______ in regalo un buono di 50 euro.
- ☐ ho ottenuto
- ☐ ho avuto

f Che cosa _______ ? – Vorrei tre etti di salame milanese.
- ☐ riceve
- ☐ desidera

g Se il presidente della Regione _______ una condanna per favoreggiamento alla mafia, dovrebbe lasciare la carica.
- ☐ ottenesse
- ☐ ricevesse

h Quando mio nonno stava male, _______ il sacramento dell'Unzione degli Infermi.
- ☐ ha ottenuto
- ☐ ha ricevuto

i Purtroppo Lia _______ un brutto raffreddore.
- ☐ si è presa
- ☐ ha ricevuto

j La battaglia è stata dura, ma alla fine _______ un risultato importante.
- ☐ abbiamo ottenuto
- ☐ abbiamo ricevuto

k Per fortuna _______ un incarico di insegnamento per 12 ore in una scuola media.
- ☐ mi sono presa
- ☐ ho ottenuto

l Oggi il Presidente degli Stati Uniti _______ dal Papa.
- ☐ è stato ricevuto
- ☐ è stato desiderato

**Wie lauten also folgende Ausdrücke im Italienischen?**

| | |
|---|---|
| ______________________ | Fieber bekommen |
| ______________________ | Platz bekommen |
| ______________________ | Schnupfen bekommen |
| ______________________ | geschenkt bekommen |

| | |
|---|---|
| **il posto** | der Platz |
| **l'ordine,** *m* | *hier* die Bestellung |
| **il libro in omaggio** | *hier* das Freiexemplar |
| **avere i brividi** | sich frösteln |
| **la febbre** | das Fieber |
| **il cliente** | der Kunde |
| **il buono** | der Gutschein, der Bon |
| **la condanna per favoreggiamento** | die Verurteilung wegen Begünstigung |
| **la carica** | *hier* das Amt |
| **il sacramento dell'Unzione degli Infermi** | die Krankensalbung |
| **la battaglia** | der Kampf |
| **il risultato** | das Ergebnis |
| **l'incarico** | der Auftrag |
| **la scuola media** | die Mittelschule |
| **il Papa** | der Papst |

## 89 Falsche Freunde ... die Zweite!

Erinnern Sie sich an die „Falschen Freunde" (vgl. Übung 50)? Das sind italienische und deutsche Wörter, die sich sehr ähnlich sind, aber in der jeweils anderen Sprache eine völlig andere Bedeutung haben.

**Folgen Sie dem Beispiel: Entnehmen Sie dem Durcheinander der „Falschen Freunde" die einzelnen Bedeutungen und ordnen Sie sie der unten stehenden Liste zu.**

~~caldo~~ | ~~kalt~~
tappeto | Tapete
porto | Porto
scalpello | Skalpell
ente | Ente
promozione | Promotion
annunciare | annoncieren
quasi | quasi
umore | Humor
roba | Robe
stipendio | Stipendium
notizia | Notiz
tesoro | Tresor
curioso | kurios

freddo *kalt*
mettere un annuncio ____________
carta da parati ____________
borsa di studio ____________
senso dell'umorismo ____________
anatra ____________
appunto ____________
cassaforte ____________
dottorato (di ricerca) ____________
per così dire, come ____________
strano, bizzarro ____________
affrancatura ____________
bisturi ____________
toga ____________

Einrichtung, Anstalt ____________
Gehalt ____________
Hafen ____________
warm, heiß *caldo*
Laune ____________
neugierig ____________
Nachricht ____________
Meißel ____________
fast, beinahe ____________
Teppich ____________
Sachen, Zeug ____________
Schatz ____________
Beförderung ____________
benachrichtigen ____________

## 90 Wortschatz im Kontext: *Una prenotazione telefonica*

Hier üben Sie einige Wörter, die Ihnen bei einer telefonischen Reservierung auf Italienisch nützlich sein können.

**Vervollständigen Sie das Telefongespräch mit den unten stehenden Angaben.**

mi chiamo   La ringrazio   mandare un fax   ho inviato   mi dica   ragione
la mezza pensione   ricevere   risposta   standard   la conferma   prenotare
inviare   ho trovato   per sette notti   dal   viene   è compresa

- Hotel La Badia, buongiorno!
- Buongiorno, ________________ Pirotta ...
- Sì, prego, ________________ !
- Senta ... una settimana fa ________________ un'e-mail all'indirizzo che ________________ su Internet, ma non ho ricevuto una ________________ ...
- Eh sì, ha ________________ . Abbiamo problemi con la linea. Da alcuni giorni non possiamo né ________________ né ________________ e-mail. Lei voleva ________________ una camera?
- Sì... volevo prenotare una camera ________________ 23 al 30 maggio.
- Quindi ________________ . Singola o doppia?
- Una doppia.
- La vuole ________________ o con vista sul mare?
- Se possibile, con vista sul mare.
- Sì. Una doppia con vista sul mare ________________ 115 euro a notte.
- La colazione ________________ nel prezzo?
- Sì. Se vuole, abbiamo anche ________________ che costerebbe ...
- No, no, grazie. Ah, senta, ha bisogno di una prenotazione scritta?
- Beh, sì. Guardi, visto che l'e-mail non funziona ancora, ci potrebbe ________________ anche con i dati della Sua carta di credito e la validità? Noi poi Le inviamo ________________ .
- D'accordo. ________________ molto.
- Grazie a Lei e a presto.

| | |
|---|---|
| **inviare** | schicken, senden |
| **la camera singola / doppia** | das Einzel- / Doppelzimmer |
| **la validità** | die Gültigkeit |

## 91 *Il pescecane* und andere Wortkompositionen

il pescecane

Auch im Italienischen gibt es zusammengesetzte Wörter. Im Folgenden einige mögliche Kombinationen:

| | | |
|---|---|---|
| Verb + Substantiv | → *asciuga(re) + mano > l'**asciugamano*** | das Handtuch |
| Substantiv + Substantiv | → *cassa + panca > la **cassapanca*** | die Sitztruhe |
| Substantiv + Adjektiv | → *terra + ferma > la **terraferma*** | das Festland |

Versuchen Sie jetzt selbst Wörter zusammenzusetzen. Viel Vergnügen!

**Bilden Sie zusammengesetzte Wörter aus den vorgegebenen Begriffen und ordnen Sie diese ihren deutschen Entsprechungen zu. Setzen Sie die neugebildeten Wörter dann in den Plural.**

~~asciuga~~ apri polvere lava pasta capo classe salva

butta via mare fuori linea tetto ~~capelli~~

bottiglie attacca pesce posa alto

lungo tele senza stoviglie aspira parlante

tosta

comando gente sotto chiavi panni capo

pane scola ferro porta porta cane bottiglia

cenere cielo bagagli gratta

# 10

| | | |
|---|---|---|
| l' *asciugacapelli* | der Haartrockner | *gli asciugacapelli* |
| lo | das Nudelsieb | |
| il | der Haifisch | |
| il | der Rettungsring | |
| il | der Klassensprecher | |
| la | der Geschirrspüler | |
| l' | der Flaschenöffner | |
| il | der Wolkenkratzer | |
| il | der Obdachlose | |
| il | der Gepäckträger | |
| l' | der Kleiderständer | |
| il | der Aschenbecher | |
| la | die Eisenbahn | |
| il | der Rausschmeißer | |
| l' | der Lautsprecher | |
| il | der Flaschenuntersetzer | |
| il | die Endstation | |
| il | der Toaster | |
| il | die Strandpromenade | |
| il | die Fernbedienung | |
| l' | der Staubsauger | |
| il | der Schlüsselring | |

**Die Pluralbildung der zusammengesetzten Wörter ist nicht einfach. Wenn nötig, schlagen Sie dazu in einem Wörterbuch nach oder studieren Sie die Lösungen. Machen Sie dann die Übung zu einem späteren Zeitpunkt noch einmal.**

## 92 Steigerungspotential: *più grande, maggiore, superiore …*

Einige gesteigerte Adjektive haben eine regelmäßige Form – z. B. *(il) più grande* – und / oder eine unregelmäßige Form – z. B. *(il) maggiore* (= größer, der größere / größte, älter, der ältere / älteste).

Welche Form am besten passt, hängt dabei vom Kontext ab.

**Vervollständigen Sie mit den gesteigerten Adjektiven. Achtung! In einigen Fällen sind zwei Alternativen möglich.**

maggior più basso minore peggiore più alto più piccola maggiore superiori posteriori superiore più cattivo più grande minori anteriore inferiore

a La ________________ parte dei turisti viene dal Giappone.
b Livio ha due sorelle: la ________________ ha 27 anni e la ________________ ne ha 15.
c Questo è il libro ________________ che abbia mai letto: noioso, troppo lungo, ripetitivo …
d Firenze è ________________ di Roma.
e Con l'incidente Fabrizio ha praticamente distrutto la parte ________________ dell'auto.
f Noi abitiamo al secondo piano, loro abitano al piano ________________, cioè al terzo.
g Mirco è una peste! È molto ________________ di sua sorella!
h Milano è ________________ di Bologna.
i Paolo è alto un metro e novanta, Fabio invece è alto un metro è settantacinque. Quindi Fabio è ________________ di Paolo.
j Scusi, mi può controllare le gomme ________________ ?
k Mi dispiace, il prezzo è fisso. Non Le posso offrire questo articolo ad un prezzo ________________ .
l Il Monte Bianco (4 810 m) è ________________ del Monte Rosa (4 633 m).
m Marcella frequenta le scuole ________________ .
n Il terremoto è stato abbastanza forte, ma i danni sono stati ________________ del previsto.

| | |
|---|---|
| **più basso / inferiore** | kleiner, niedriger |
| **più piccolo / minore** | kleiner, jünger, geringer |
| **più alto / superiore** | größer, höher |
| **più cattivo / peggiore** | schlechter, böser |
| **posteriore** | hinterer, -e, -es |
| **anteriore** | vorderer, -e, -es |
| **ripetitivo** | sich wiederholend |
| **distruggere** | zerstören |
| **è una peste** | *hier* (er) ist ein kleiner Teufel |
| **la gomma** | der Reifen |
| **offrire** | anbieten |
| **il terremoto** | das Erdbeben |
| **il danno** | der Schaden |
| **il previsto** | die Erwartung |

## 93 *Ci* oder *ne*? Das ist hier die Frage!

In den Übungen 73 und 83 haben wir gelernt, wann man *ci* und wann man *ne* gebraucht. Da beide Wörtchen eine ähnliche Bedeutung haben (*ci* / *ne* = damit, darüber, davon, es, dazu, daran), kommt es immer wieder zu Verwechselungen. Halten Sie *ci* und *ne* in der folgenden Übung also gut auseinander.

**Setzen Sie *ci* (*c'* / *ce*) oder *ne* dort ein, wo es erforderlich ist.**

a Allora, Mimma, _______ vediamo domani sera verso le sette.
b Perché te _______ vai sul più bello? Adesso entriamo nel vivo della serata!
c Signor Ferri, abbiamo bisogno della macchina urgentemente. _______ la potrebbe riportare domani stesso?
d Domenica scorsa _______ siamo andati a sciare ma non _______ era molta gente.
e Hai risolto il problema con Oscar? – Guarda, _______ ho discusso due ore, ma poi per fortuna abbiamo raggiunto un accordo.
f Secondo te, Melania accetterà l'offerta? – Mm, _______ dubito.
g Adesso basta con questa storia del viaggio ad Amsterdam. Non _______ vogliamo più sentire parlare!

h Avendo fatto un corso intensivo _______ siamo migliorati molto in spagnolo.
i Vieni al concerto di Ligabue? – Sì, _______ vengo!
j Sai, _______ penso sempre a quella splendida vacanza a Londra. – Anch'io _______ penso sempre!
k I gianduiotti, che buoni! Me _______ dai uno? – Eh, anche due!
l Scusa, per caso hai una sigaretta? – No, non _______ l'ho. Lo sai che non fumo!
m Vuoi un altro po' di pasta? – No, grazie. _______ ho mangiato troppo. Non _______ voglio più.
n Abbiamo ricevuto il formulario ieri, _______ lo abbiamo compilato e rispedito immediatamente.
o Ragazzi, vogliamo fare un giro sul pedalò? Che _______ dite?
p Lo sai che Giuseppina e Carletto si sono messi insieme? – Guarda, non _______ credo nemmeno se lo vedo!

| | |
|---|---|
| **sul più bello** | wenn es am schönsten ist |
| **nel vivo di** | mitten in |
| **urgentemente** | dringend |
| **riportare** | zurückbringen |
| **discutere (discusso)** | diskutieren |
| **raggiungere** | erreichen, erzielen |
| **l'accordo** | die Einigung |
| **accettare** | annehmen |
| **l'offerta** | das Angebot |
| **dubitare** | zweifeln |
| **migliorare** | sich verbessern |
| **Luciano Ligabue** | *Sänger (*1960)* |
| **il gianduiotto** | die Nusspraline |
| **compilare** | ausfüllen |
| **immediatamente** | unverzüglich |
| **il pedalò** | das Tretboot |
| **mettersi insieme** | ein Paar werden |
| **nemmeno** | nicht einmal |

## 94 Am meisten, am besten, am ... italienischsten

Die deutsche Struktur „am + Superlativ" (z. B. am meisten, am besten, am höchsten etc.) hat im Italienischen keine einheitliche Entsprechung. Häufig muss man einen Satz umformulieren, um sie auszudrücken.

Zwei Beispiele:

| | | |
|---|---|---|
| Am besten nehmen wir die erste Straße links. | → | *La cosa migliore è prendere la prima strada a sinistra.* |
| Am schwierigsten ist Mathematik! | → | *La matematica è la materia più difficile (di tutte)!* |

Versuchen Sie sich nun an der nächsten Übung. Anschließend vergleichen Sie Ihre Lösungen mit denen des Lösungsschlüssels. Wenn nötig, machen Sie die Übung zu einem späteren Zeitpunkt noch einmal.

**Übersetzen Sie.**

a Ich setze mich am besten nach vorne.

b Hier stehst du am höchsten.

c Am schnellsten lässt sich eine Suppe kochen.

d Das ist die am meisten verkaufte CD.

e Wie lerne ich am besten?

f Auf der Preisverleihung war Tina am schlechtesten angezogen.

g Wo können Familien am besten leben?

h In welcher Sprache sind Musiktexte für dich am schönsten?

i Am schwierigsten finde ich Windsurfen.

j Ich glaube, dass Eltern am häufigsten über die Kindererziehung streiten.

k Welcher Stadtteil ist am schönsten?

l Deutschland zählt zu den am höchsten entwickelten Ländern der Erde.

m Welches sind die am schlechtesten bezahlten Berufe?

n Welches Musikinstrument ist am schwierigsten zu erlernen?

o Unsere Stadt ist am größten.

p Eine Studie hat ergeben, dass Hausfrauen am schlechtesten schlafen.

| | |
|---|---|
| **migliore** | beste |
| **davanti** | vorne |
| **alto** | hoch |
| **veloce, rapido** | schnell |
| **più di tutto, di più** | am meisten |
| **la premiazione** | die Preisverleihung |
| **peggiore** | schlechtest |
| **difficile** | schwierig |
| **spesso, frequente** | häufig |
| **l'educazione *f* dei figli** | die Kindererziehung |
| **litigare** | streiten |
| **il quartiere** | der Stadtteil |
| **essere** | *hier* zählen |
| **sviluppato** | entwickelt |
| **la professione** | der Beruf |
| **lo strumento musicale** | das Musikinstrument |
| **imparare** | erlernen |
| **lo studio** | die Studie |
| **risultare** | ergeben |
| **la casalinga** | die Hausfrau |

## 95 Multifunktionale Verben

Die Verben ***salire***, ***scendere***, ***aumentare***, ***diminuire***, ***accendere***, ***spegnere***, ***aprire***, ***chiudere*** zeichnen sich alle dadurch aus, dass sie unterschiedliche deutsche Bedeutungen haben können: z. B. entspricht *accendere* nicht nur „anzünden" sondern heißt gleichzeitig auch „einschalten" oder „eröffnen". Vergessen Sie bitte nicht: die Verben *salire*, *scendere*, *aumentare* und *diminuire* können die zusammengesetzten Zeitformen – z. B. das *passato prossimo* – sowohl mit *essere* als auch mit *avere* bilden: *sono salito / ho salito*.

**Ergänzen Sie mit den oben genannten Verben in der richtigen Zeitform. Manchmal sind zwei Alternativen möglich.**

a Deve ______________ a Via Cavour e deve ______________ al capolinea.
b Per piacere, puoi ______________ la luce? Si è fatto buio.
c Se di notte (tu) ______________ il riscaldamento, risparmieresti.
d Ragazzi, ______________ il libro a pagina 35.
e Ieri (io) ______________ con l'ascensore fino al quinto piano ma poi ______________ a piedi.
f Negli ultimi mesi il prezzo dei latticini ______________ molto!
g Che freddo! Che dite, ______________ il camino? – Sì, così ci riscaldiamo un po'!
h Quando si è fermi in galleria, si ______________ il motore!
i Gemma, potresti ______________ la finestra? Si soffoca!
j Lo scorso semestre gli iscritti ______________ . Infatti si sono formati meno corsi.
k L'anno scorso i miei amici ______________ un mutuo che finiranno di pagare nel 2025!
l Qui i negozi di solito ______________ alle 9.00 e ______________ alle 20.00.
m Che bello! Hai visto la busta paga? Il capo ci ______________ lo stipendio!
n Alcuni volontari hanno aiutato a ______________ gli incendi nei boschi.
o Come hai fatto a risparmiare? – Beh, ______________ le spese.

p Ehi, sei ingrassata, vero? – Purtroppo sì. A causa dello stress ____________________ di 10 chili!

q Ecco, la pioggia sta ____________________ . Adesso possiamo uscire.

r Giacomo, ____________________ la bombola del gas, altrimenti non posso cucinare.

| | |
|---|---|
| **salire** | hinaufgehen/-fahren, (ein)steigen |
| **scendere** | hinuntergehen/-fahren, sinken, aussteigen |
| **aumentare** | erhöhen, zunehmen, steigen |
| **diminuire** | kürzen, nachlassen, abnehmen |
| **spegnere** | ab-/ausschalten, löschen |
| **aprire** | aufmachen/-drehen/-schlagen |
| **chiudere** | schließen, abstellen |
| **il capolinea** | die Endstation |
| **i latticini** | die Milchprodukte |
| **la galleria** | *hier* der Tunnel |
| **soffocare** | ersticken |
| **il mutuo** | das Darlehen |
| **la busta paga** | die Lohnabrechnung |
| **l'incendio** | der Brand |
| **la bombola del gas** | die Gasflasche |

## 96 Überraschungen mit *essere, andare* und *venire*

Normalerweise heißt *essere* „sein", *andare* „gehen" und *venire* „kommen". Im Italienischen werden diese drei Verben jedoch auch für die Bildung des Passivs benutzt und erhalten dadurch völlig neue Bedeutungen:

| | |
|---|---|
| *La casa **è stata** abbattuta.* | Das Haus **ist** abgerissen **worden**. |
| *Le tasse **vanno** pagate.* | Die Steuern **müssen** bezahlt werden. |
| *L'ufficio **viene** ristrutturato.* | Das Büro **wird** renoviert. |

Beachten Sie dabei ebenfalls: *Andare* und *venire* werden nur in den einfachen Zeiten verwendet – z. B. *presente, imperfetto, futuro semplice* etc. – und nicht in den zusammengesetzten Zeitformen (z. B. *passato prossimo*).

# 10

**Kreuzen Sie die richtige Form an. Mehrfachnennungen sind möglich.**

a L'anno prossimo ______ costruita una nuova scuola.
☐ verrà ☐ sarà ☐ verrebbe

b Prima, nella nostra ditta, il personale ______ assunto a tempo indeterminato.
☐ è venuto ☐ è stato ☐ veniva

c La legge elettorale ______ modificata.
☐ va ☐ è andata ☐ deve essere

d La bolletta del telefono ______ pagata ieri.
☐ veniva ☐ è stata ☐ era

e I mobili nuovi ______ consegnati mercoledì scorso.
☐ sono ☐ sono venuti ☐ sono stati

f Pensavo che tu ______ promosso.
☐ saresti ☐ fossi stato ☐ verresti

g Pierpaolo è una persona affidabile e infatti ______ stimato da tutti.
☐ va ☐ viene ☐ è

h Temo che il cinema ______ chiuso.
☐ sia stato ☐ è stato ☐ sia venuto

i Il televisore ______ riparato ma io non ho la disponibilità economica.
☐ è stato ☐ verrebbe ☐ andrebbe

j Credevo che i rapinatori ______ già arrestati!
☐ andassero ☐ fossero stati ☐ fossero venuti

| | |
|---|---|
| **assumere** | einstellen |
| **a tempo indeterminato** | zeitlich unbegrenzt |
| **la legge elettorale** | das Wahlgesetz |
| **la bolletta** | die Rechnung |
| **consegnare** | liefern |
| **promuovere** | versetzen |
| **temere** | fürchten |
| **il rapinatore** | der Räuber |
| **arrestare** | festnehmen |

## 97 *Dare*: ein wirklich „freigiebiges" Verb

Generell entspricht das Verb *dare* dem deutschen Verb „geben". Häufig jedoch wird *dare* auch in feststehenden Ausdrücken gebraucht, die im Deutschen nicht mit „geben" übersetzt werden.

**Verbinden Sie die linke mit der rechten Spalte zu sinnvollen Sätzen oder zu Mini-Dialogen. Vervollständigen Sie die Sätze mit den unten stehenden Verbformen.**

si danno  dare (2×)  dai (2×)  date (2×)  hai dato (2×)
danno (2×)  ha dato

| | | | |
|---|---|---|---|
| a | Non sopporto quando i baristi o i commessi … | 1 | Certo! Cosa posso fare? |
| b | Quanti esami ____________ questa sessione? – | 2 | Ma non è affatto vero! Sono solo un po' critico. |
| c | Quando siamo state presentate, … | 3 | Lo faccio subito. |
| d | Non metterti la pelliccia e nemmeno gioielli, altrimenti … | 4 | eppure ____________ ancora del Lei! |
| e | Puoi ____________ uno sguardo ai bambini? Sono soli in giardino. – | 5 | ____________ troppo nell'occhio. |
| f | Perché mi ____________ sempre torto? – | 6 | che hanno tanta esperienza e sono tanto saggi. |
| g | Siete troppo deboli con i vostri figli, … | 7 | mi ____________ del tu solo perché sono giovane! |
| h | Ferdinando, mi puoi ____________ una mano? – | 8 | sul cortile interno. |
| i | ____________ da mangiare al gatto? – | 9 | Due orali e uno scritto. |
| j | Le camere da letto ____________ … | 10 | Non ti preoccupare, stanno giocando a palla. |
| k | Ho alcuni colleghi che lavorano da anni insieme … | 11 | gliela ____________ sempre vinta. |
| l | Bambini, ____________ ascolto ai vostri nonni … | 12 | lei non mi ____________ la mano! |

**Vervollständigen Sie jetzt mit Hilfe der Sätze von Seite 159 die folgende Liste mit Ausdrücken mit *dare*.**

| | |
|---|---|
| ______________________ | (sich) duzen |
| ______________________ | (sich) siezen |
| ______________________ | gehen auf |
| ______________________ | ins Auge fallen |
| ______________________ | Unrecht geben |
| ______________________ | nachgeben |
| ______________________ | einen Blick werfen |
| ______________________ | Gehör schenken |
| ______________________ | die Hand reichen |
| ______________________ | zur Hand gehen |
| ______________________ | füttern |
| ______________________ | eine Prüfung ablegen |

| | |
|---|---|
| **sopportare** | ertragen |
| **il commesso** | der Verkäufer |
| **la sessione** | *hier* der Prüfungszeitraum |
| **la pelliccia** | der Pelz |
| **i gioielli** | der Schmuck |
| **debole** | *hier* nachgiebig |
| **affatto** | ganz und gar |
| **saggio** | weise |
| **orale** | mündlich |
| **scritto** | schriftlich |

## 98 Nachgefragt und durchgeblickt ... *all'italiana*

Im Deutschen kann man eine Präposition oder ein Adverb an ein Verb anhängen und damit seine Bedeutung grundlegend verändern: aus + schlafen heißt dann „länger / genug schlafen". So einfach ist es im Italienischen nicht, denn es gibt für diese erweiterten deutschen Verben eigenständige Ausdrücke, die gelernt werden müssen. Im Folgenden üben Sie einige nützliche Beispiele aus dem Alltag!

**Vervollständigen Sie mit Hilfe der deutschen Entsprechungen die italienischen Sätze mit den unten stehenden Angaben.**

non mi è chiara  separati  visto  passate tante  conosce  bevi  fare una specializzazione  stabilito  dormire di più  rincorrere  hai / porti  mangiato tutto  continuare a lavorare  viene a prendere  giocato tutti  non l'ho sentito  occupare  imporre  copiato  affrontare  recuperare

| | | |
|---|---|---|
| a | Am Sonntag kann man ausschlafen. | La domenica si può ________________ . |
| b | Hast du alles aufgegessen? | Hai ________________ ? |
| c | Alles austrinken! | ________________ tutto! |
| d | Das habe ich überhört. | Questo ________________ . |
| e | Da blicke ich nicht durch. | Questa cosa ________________ . |
| f | Ich habe das übersehen. | Non l'ho ________________ . |
| g | Alle haben mitgespielt. | Hanno ________________ . |
| h | Ich muss zwei Lektionen nachlernen. | Devo ________________ due lezioni. |
| i | Sie wollen weiterarbeiten. | Vogliono ________________ . |
| j | Ich möchte mich weiterbilden. | Voglio ________________ . |
| k | Sie hat von meiner Klausur abgeschrieben. | Ha ________________ il mio compito. |
| l | Wir müssen das Thema ansprechen. | Dobbiamo ________________ l'argomento. |
| m | Du hast ein schönes Kleid an! | Che bel vestito che ____________ / ____________ ! |
| n | Sie sind auseinander gegangen. | Si sono ________________ . |
| o | Er will sich damit nicht auseinandersetzen. | Non se ne vuole ________________ . |
| p | Sie kennt sich gut aus in Rom. | ________________ bene Roma. |
| q | Wer holt mich ab? | Chi mi ________________ ? |
| r | Sie haben viel durchgemacht. | Ne hanno ________________ . |
| s | Er kann sich durchsetzen. | Si sa ________________ . |
| t | Ich musste ihr nachlaufen. | L'ho dovuta ________________ . |
| u | Was habt ihr ausgemacht? | Che avete ________________ ? |

## 99 Redewendungen mit Pfiff

Wollen Sie Ihren italienischen Gesprächspartner verblüffen? Dann sollten Sie ein paar Redewendungen lernen: Denn diese machen eine Sprache spritzig und lebendig und hinterlassen einen positiven Eindruck.

**Tragen Sie die fehlenden Wörter der Redewendungen in das *cruciverba* ein.**

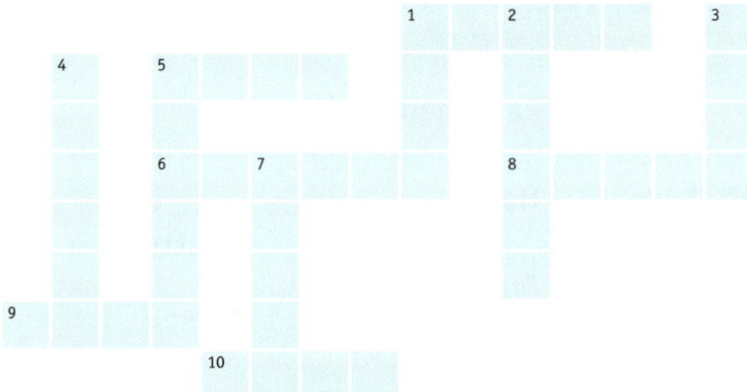


**Orizzontali**

1 Hai la _____ d'oca! – Eh sì, mi sono emozionato.
5 Ha preso due piccioni con una _____.
6 È stato velocissimo, ha finito in un batter d'_____ .
8 Ha fatto buon viso a cattivo _____ .
9 Spende esageratamente. Ha le _____ bucate!
10 Leo non ha _____ sulla lingua, parla apertamente.

**Verticali**

1 Come sei pignolo! Cerchi sempre il _____ nell'uovo.
2 Ce l'ho sulla punta della _____ .
3 Ne sono certo. Ci metto la _____ sul fuoco.
4 Adesso basta! Mettiamoci una _____ sopra.
5 Quando mia moglie e mio figlio litigano, sono tra due _____ .
7 Qualcuno ha bussato alla porta nel _____ della notte.

**Ordnen Sie den oben genannten Redewendungen nun die deutschen Entsprechungen zu.**

| | |
|---|---|
| ______________________ | Schwamm drüber |
| ______________________ | mitten in der Nacht |
| ______________________ | ein Haar in der Suppe suchen |
| ______________________ | gute Miene zum bösen Spiel machen |
| ______________________ | im Nu |
| ______________________ | verschwenderisch sein |
| ______________________ | kein Blatt vor den Mund nehmen |
| ______________________ | zwei Fliegen mit einer Klappe schlagen |
| ______________________ | Gänsehaut haben |
| ______________________ | etw. auf der Zunge liegen haben |
| ______________________ | die Hand ins Feuer legen |
| ______________________ | zwischen zwei Stühlen sitzen |

## 100 Wortschatz im Kontext: *Acquisti*

Wer geht nicht gerne in Italien shoppen! Im folgenden Dialog finden Sie interessante und aktuelle Ausdrücke zum Thema „Einkaufen". Viel Erfolg beim italienischen Einkaufsbummel!

**Vervollständigen Sie mit den unten stehenden Angaben.**

cotone   cambiarla   bassa   ritirarla   i camerini   invernali   portare   i capi   vuole   Le sta   larga   accorciare   vetrina   provo   gamba   maniche

● Buongiorno! Senta, vorrei vedere quel tailleur che è in ______________ .

■ Sì, signora, quello gessato, di ______________ . Che taglia porta? ... Mm, la 44 dovrebbe andarLe bene. Ecco, Lo provi. Guardi, ______________ sono qui dietro. ... E Lei, signorina? Cerca qualcosa di preciso? Guardi, qui ci sono ______________ della collezione estiva, sono appena arrivati. Lì, invece, trova dei capi ______________ scontati.

▲ Ci do un'occhiata. ... Eh, scusi, su questi pantaloni a ______________ larga che sconto c'è?

● Del 70 %. Sono gli ultimi che ho. Non so se c'è la Sua taglia. Lei dovrebbe ______________ la 42. Vediamo... e infatti la Sua taglia non ce l'ho. Ma, guardi questi neri con le tasche operate, sono a vita ______________ come gli altri, però a gamba stretta. Li ______________ provare?

▲ No, non mi piacciono. ... ______________ questi qui a pinocchietto.

● Bene. ... Oh, signora, il tailleur ______________ un incanto! Le dà un tono molto professionale!

■ Sì, però la gonna è troppo lunga e anche un po' ______________ di vita.

● Non c'è problema. Adesso Le prendo le misure e la facciamo ______________ e stringere in vita dalla sarta. Ecco fatto! Tra due giorni può passare a ______________ .

■ Va bene, grazie.

▲ ... Senta, i pantaloni vanno bene, li prendo. E prendo anche questa maglietta rossa a ______________ corte. Se al mio ragazzo non dovesse piacere il colore, sarebbe possibile ______________ ?

● Certo, però deve conservare lo scontrino. ... Prego, si accomodi alla cassa.

| | |
|---|---|
| **i camerini** | die Umkleidekabinen |
| **il capo** | das Kleidungsstück |
| **accorciare** | kürzen |
| **la manica** | der Ärmel |
| **il tailleur** | das Kostüm |
| **gessato** | mit Nadelstreifen |
| **la taglia** | die Größe |
| **scontare** | *hier* ermäßigen |
| **dare un'occhiata a** | einen Blick werfen auf |
| **la tasca operata** | die gemusterte Tasche |
| **(i pantaloni) a pinocchietto** | die Capri-Hosen |
| **l'incanto** | der Zauber |
| **la vita** | *hier* die Taille |
| **stringere** | enger machen |
| **lo scontrino** | der Kassenzettel |

## 101 Klein aber fein: die Verkleinerungsformen

Verkleinerungsformen (Diminutive) können sich auf die Größe und, in ihrer Funktion als Kosewörter, auch auf den Charakter einer Person oder einer Sache beziehen. Im abwertenden Sinne können sie auf die Schwächen einer Person oder Sache hinweisen.
Die Verkleinerungsformen italienischer Wörter werden durch das Anhängen bestimmter Nachsilben gebildet. Leider gibt es verschiedene Nachsilben, aber keine festen Regeln, wann welche benutzt werden.

**Ordnen Sie die unten stehenden Verkleinerungsformen ihren Nachsilben zu. Achtung: Nicht alle sind Verkleinerungsformen!**

~~casetta~~ cattivello bruttino brevetto freddino avvocatuccio orsacchiotto bellino tavolino poveretto bacetto libricino cappotto bastoncino impiegatuccio appartamentino topolino manina sgabello gocciolina uccellino ponticello alberello isoletta femminuccia bambino orticello cucchiaino passerella leprotto pattino asinello

| | |
|---|---|
| -ino/a | |
| -(i)cino | |
| -olino/a | |
| -etto/a | *casetta* |
| -(ic)ello | |
| -uccio/a | |
| -otto | |
| -acchiotto | |

**Ordnen Sie jetzt die nicht verkleinerten Wörter ihren deutschen Entsprechungen zu.**

| | | | |
|---|---|---|---|
| ____________ | Kind | ____________ | Hocker |
| ____________ | Patent | ____________ | Laufsteg |
| ____________ | Mantel | ____________ | Rollschuh |

**Welche Verkleinerungsformen haben eine abwertende Bedeutung?**

____________

| | |
|---|---|
| **l'asino** | der Esel |
| **l'avvocato** | der Rechtsanwalt |
| **il bastone** | der Stock |
| **la femmina** | das Weib |
| **la goccia** | der Tropfen |
| **la lepre** | der Hase |
| **l'orso** | der Bär |
| **l'orto** | der Gemüsegarten |

## 102 *Avanti il prossimo!* Der Nächste, bitte!

In der nächsten Übung geht es um das deutsche Adjektiv „nächster, -e, -es" und seine italienischen Entsprechungen:

- mit örtlicher Bedeutung → *prossimo, il più vicino*
- im Sinne von „kürzest" → *il più breve*
- mit zeitlicher Bedeutung → *prossimo* (auf die Zukunft bezogen)
- im Sinne von „darauf folgend" → *seguente / successivo / dopo*

| | |
|---|---|
| *Deve scendere alla **prossima** fermata.* | Sie müssen an der nächsten Haltestelle aussteigen. |
| *Questa è la stazione più **vicina**.* | Das ist der nächste Bahnhof. |
| *Vengo a trovarti la **prossima** settimana.* | Ich besuche dich nächste Woche. |
| *Ci siamo rivisti l'anno **seguente** / **successivo** / **dopo**.* | Wir haben uns im nächsten Jahr wiedergesehen. |

**Vervollständigen Sie mit den unten stehenden Angaben. Achtung! Sowohl Mehrfachnennungen als auch alternative Antworten sind möglich.**

prossima   più breve   più vicina   successivo   prossimi   prossimo
seguente   dopo   più vicino

a Scusi, mi sa dire dov'è la farmacia ________________ ?
b Qual è la ________________ fermata? – Piazza di Spagna.
c Hanno detto che l'anno ________________ cambiano casa.
d Il giorno ________________ l'ho incontrato di nuovo sul treno.
e Ragazzi, la ________________ volta studiamo Pirandello.
f Guardi, questa è la via ________________ per Latina.
g Dissero che l'anno ________________ si sarebbero sposati.
h Il mese ________________ comincio un corso di computer.
i Nessuno mi ha saputo dire dove si trova l'ospedale ________________ .
j Tre anni fa ha raccontato che l'anno ________________ sarebbe andato a vivere a New York.
k Andiamo a cinema sabato ________________ ?
l Il mercoledì ________________ Adriano non poté incontrare il suo vecchio amico.
m Ti chiamo nei ________________ giorni. Va bene?
n Quando c'è la ________________ corsa di Formula 1? – Tra due settimane.

| | |
|---|---|
| **la fermata** | die Haltestelle |
| **di nuovo** | wieder, erneut |
| **Luigi Pirandello** | *Schriftsteller (1867 - 1936)* |
| **dissero (dire)** (*passato remoto*) | sie sagten |
| **sposari** | heiraten |
| **raccontare** | erzählen |
| **poté (potere)** (*passato remoto*) | er konnte |
| **la corsa** | das Rennen |

## 103 Kleine Wörter, große Unterschiede: *da, dà, la, là, vi, ve ...*

Im Italienischen gibt es sehr viele kleine, aber wichtige Wörter:
- Einige unterscheiden sich nur durch einen Akzent, wie *la* und *là*.
- Andere wiederum unterscheiden sich durch einen einzigen Buchstaben, z. B. *vi* und *ve*.
- Wieder andere haben mehrere Bedeutungen: z. B. *la* → die, sie, A (Ton).

**Setzen Sie die folgenden Wörter ein: *ci, ce, da, dà, e, è, fa, la, là, le, li, lì, ne, né, si, sì, vi, ve*. Mehrfachnennungen sind möglich.**

a Chi _____ questa qui nella foto accanto alla zia Lidia?
b Sei italiano? – _____ , vengo _____ Rimini.
c L'insegnante _____ un compito facile agli studenti.
d Clemente _____ Stefano sono colleghi.
e Mamma, abbiamo fame! _____ prepari la merenda? – _____ _____ preparo subito!
f Ero indecisa fra due abiti e alla fine non ho comprato _____ l'uno _____ l'altro.
g Questo brodo è squisito! – _____ vuoi ancora?
h Secondo la tradizione, _____ Vigilia di Natale _____ dovrebbe mangiare pesce.
i Tanti anni _____ scrissi una poesia bellissima che vinse un premio.
j Guarda _____ , quel tipo sta rubando le piantine dell'aiuola.
k _____ quarta nota musicale si chiama _____ , la sesta nota invece si chiama _____ .
l Scusi, ha un fazzolettino di carta? – No, mi dispiace, non _____ l'ho.
m _____ lasagne _____ facciamo sempre il martedì grasso.
n Dopodomani abbiamo l'esame! – Oh, non _____ voglio pensare!
o I ravioli _____ preferisco con il ripieno di ricotta.
p Ubaldo, Ciro, _____ volevo chiedere una cortesia.
q Dove sono i piatti fondi? – _____ sotto.
r Guarda che Renata si è offesa! – Non me _____ frega!

| | |
|---|---|
| **accanto a** | neben |
| **il compito** | die Aufgabe |
| **la merenda** | der Imbiss (am Nachmittag) |
| **indeciso** | unentschlossen |
| **l'abito** | das Kleid |
| **il brodo** | die Brühe |
| **la Vigilia di Natale** | der Heiligabend |
| **scrissi (scrivere)** *(passato remoto)* | ich schrieb |
| **la poesia** | das Gedicht |
| **rubare** | stehlen |
| **l'aiuola** | das Beet |
| **il fazzolettino di carta** | das Papiertaschentuch |
| **il martedì grasso** | der Faschingsdienstag |
| **dopodomani** | übermorgen |
| **il ripieno di ricotta** | die Frischkäsefüllung |
| **la cortesia** | *hier* die Gefälligkeit |
| **il piatto fondo** | der Suppenteller |
| **offendersi** | beleidigt sein |
| **fregarsene** | auf etwas pfeifen |

## 104 *Se* und *quando*: ob … wann … wenn … als

Gerade aufgrund ihrer ähnlichen Bedeutung im Deutschen werden die Bindewörter *se* und *quando* oft verwechselt. Beachten Sie daher:

- *Se* heißt sowohl „wenn",im Sinne von „wenn, falls", als auch „ob".
- *Quando* heißt ebenfalls „wenn", aber im Sinne von „immer wenn", außerdem kann es „wann" sowie „als" bedeuten.

| | |
|---|---|
| *Non so* ***se*** *posso venire.* | Ich weiß nicht, **ob** ich kommen kann. |
| ***Se*** *venite, ci divertiamo.* | **Wenn** ihr kommt, amüsieren wir uns. |
| ***Quando*** *venite?* | **Wann** kommt ihr? |
| ***Quando*** *studio ho bisogno di silenzio.* | **Wenn** ich lerne, brauche ich Ruhe. |
| ***Quando*** *sono caduto, sono dovuto andare in ospedale.* | **Als** ich gestürzt bin, musste ich ins Krankenhaus (gehen). |

## 11

**Verbinden Sie die linke mit der rechten Spalte zu sinnvollen Mini-Dialogen. Ergänzen Sie dabei mit *se* oder *quando*.**

a ________ lavoro al computer, ho sempre la radio accesa. E tu? –

b ________ avessi giocato la schedina, questa volta avrei vinto. –

c Non avevo ancora finito il liceo ________ ho conosciuto Caterina. –

d ________ facciamo una bella partita a scacchi? –

e Non lo so ancora ________ posso venire con te al mare. –

f Fatemi sapere ________ arrivate, così vi vengo a prendere all'aeroporto. –

g Orlando ha l'appendicite. Deve essere operato. –

h ________ ero piccolo giocavo tutti i pomeriggi con i miei cugini in cortile. –

i Oggi e domani ho gli operai a casa. Devono cambiare l'impianto di riscaldamento. –

j ________ i politici fossero più onesti, la gente crederebbe di più nella politica!

1 Che classe frequentavi?

2 Fai presto a decidere, altrimenti rischiamo di non trovare più posto nel villaggio.

3 Oh, ma tu ________ l'hai saputo? Io l'ho visto ieri e non mi ha detto niente!

4 Guarda, non ce n'è bisogno. Possiamo prendere un tassì.

5 Secondo me, non è questione di onestà ma di demagogia!

6 ________ vuoi, puoi dormire a casa mia.

7 E perché non l'hai giocata?

8 No, io ho bisogno di silenzio per concentrarmi.

9 Magari domani sera. Che ne dici?

10 Ah, beato te! Io non avevo nessuno con cui giocare!

| | |
|---|---|
| **la schedina** | der Tippschein |
| **(gli) scacchi** | Schach |
| **l'appendicite,** ***f*** | die Blinddarmentzündung |
| **il cortile** | der Hof |
| **l'operaio** | der Handwerker |
| **l'impianto di riscaldamento** | die Heizungsanlage |

| | |
|---|---|
| **onesto** | ehrlich |
| **altrimenti** | sonst |
| **il villaggio (turistico)** | die Ferienanlage |
| **l'onestà** | die Ehrlichkeit |
| **la demagogia** | die Demagogie |
| **il silenzio** | die Stille |
| **beato te!** | du Glücklicher! |

## 105 Präposition nach dem Verb: ja oder nein?

In Übung 36 haben wir bereits wichtige Verbindungen von Verben und Präpositionen im Italienischen gelernt, die an dieser Stelle wiederholt werden sollen. Neu hinzu kommen Verben, die gar keine Präposition verlangen. Lesen Sie folgende Beispiele und beachten Sie die Unterschiede zum Deutschen:

*Soffro **di** insonnia.* (Präposition nach dem Verb) Ich leide **unter** Schlaflosigkeit.
*Amo leggere.* (keine Präposition nach dem Verb) Ich liebe es **zu** lesen.

**Ergänzen Sie – wo nötig – mit der richtigen Präposition und evtl. dem passenden Artikel.**

a Sto aspettando _______ Aurelio, che come al solito è in ritardo!
b Il libro consiste _______ due parti, una teorica e una pratica.
c Odio _______ nuotare in piscina!
d Come te la cavi _______ cucinare? – Sono una frana!

e Fidati _______ me!
f Sono vent'anni che vivo qui e non mi sono ancora abituato _______ rumori della strada.
g Ho imparato molto _______ mio insegnante d'inglese.
h Ti piace _______ pattinare? – Sì, molto!
i Continuiamo _______ lavorare un altro po' o smettiamo?
j Buttalo via, tanto non serve _______ niente!
k Allora, brindiamo _______ tua promozione!
l Mi sono informato _______ direttore.
m Ezio ama _______ dipingere con i colori a olio.
n Stai ancora pensando _______ discussione con Francesco?
o Abbiamo discusso _______ problema a lungo.
p Ieri Orazio e Guido hanno parlato _______ filosofia per due ore!
q Qui puzza _______ bruciato! – Sì, ho dimenticato l'arrosto nel forno!
r Si rivolga _______ ufficio informazioni. Lì sapranno aiutarLa.
s Preferiamo _______ rimanere un altro po'.
t Hai telefonato _______ nonno?

| | |
|---|---|
| **consistere** | bestehen |
| **nuotare** | schwimmen |
| **la piscina** | das Schwimmbad |
| **cavarsela** | zurechtkommen |
| **essere una frana** | eine Katastrophe sein |
| **fidarsi** | vertrauen |
| **Sono vent'anni che …** | Seit 20 Jahren … |
| **abituarsi** | sich gewöhnen |
| **il rumore** | der Lärm |
| **pattinare** | Rollschuh laufen |
| **brindare** | zuprosten |
| **la promozione** | die Beförderung |
| **dipingere** | malen |
| **puzzare** | stinken, riechen |
| **bruciato** | verbrannt |
| **l'arrosto** | der Braten |
| **il forno** | der Ofen |
| **rivolgersi** | sich wenden |

## 106 Schluss damit: das Verb *finire*

*Finire* vereint mehrere wichtige deutsche Verben des Beendens in sich, z. B. „enden, beenden, aufhören, fertig sein, aufbrauchen, ausgeben, ausgehen, aufessen, austrinken". Daher ist es nützlich, die vielen Nuancen von *finire* zu üben.

Nicht vergessen: *Finire* bildet die zusammengesetzten Zeitformen (z. B. das *passato prossimo*) sowohl mit dem Hilfsverb *avere* als auch mit *essere*.

| | |
|---|---|
| *Hai finito di leggere il giornale?* | Hast du die Zeitung schon fertig gelesen? |
| *Il film è finito a mezzanotte.* | Der Film war um Mitternacht zu Ende. |

**Übersetzen Sie. Verwenden Sie dabei in jedem Satz das Verb *finire*.**

a Sie haben letzte Woche die Renovierung des Doms beendet.

b Ich habe das Buch leider noch nicht fertig gelesen.

c Die Eier sind ausgegangen. Könntest du bitte welche kaufen?

d Bald wird der Winter zu Ende sein.

e Mein Grundstück endet am Steinbruch.

f Der Po mündet in die Adria.

g Weißt du, wo mein Rucksack gelandet ist?

h Ich bin eingeschlafen! Wie ist der Film ausgegangen?

i Sie können nicht (mehr) weiterfahren. Die Straße endet hier.

j Marco muss die E-Mail noch fertig schreiben.

k Es hat aufgehört zu regnen.

l Wir haben das ganze Geld innerhalb weniger Tage aufgebraucht.

m Kann ich dein Glas abräumen? – Nein, ich muss noch austrinken.

n Die Kinder müssen (noch) aufessen.

o Ich bin fertig! Lasst uns etwas essen gehen!

p Um wie viel Uhr war der Kurs zu Ende? – Um 19:00 Uhr.

q Wir müssen noch die letzten Raten für das Auto abbezahlen.

r Ich werde im August 40 Jahre alt.

| | |
|---|---|
| **la ristrutturazione del duomo** | die Renovierung des Doms |
| **l'uovo** | das Ei |
| **il terreno** | das Grundstück |
| **la cava** | der Steinbruch |
| **il mare Adriatico** | die Adria |
| **lo zaino** | der Rucksack |
| **addormentarsi** | einschlafen |
| **continuare** | weiterfahren |
| **nel giro di** | innerhalb |
| **togliere** | *hier* abräumen |
| **la rata** | die Rate |

## 107 Fragen kostet nichts: Verben rund ums Fragen

Hier finden Sie die wichtigsten Verben des Fragens aufgelistet. Achten Sie dabei besonders auf *domandare* und *chiedere*. Beide Verben werden, bis auf wenige Ausnahmen, in der Regel synonym gebraucht.

*domandare*: fragen, verlangen, bitten
*chiedere*: fragen, verlangen, bitten
*pregare*: bitten, beten
*interrogare*: verhören, ausfragen, abfragen

*interpellare*: (einen Fachmann) (be)fragen
*informarsi*: sich erkundigen
*intervistare*: interviewen, befragen
*supplicare*: anflehen, bitten

**Kreuzen Sie die richtige Form an. Achtung! Manchmal können auch beide Alternativen richtig sein.**

a Dato che la tua malattia è piuttosto rara, forse sarebbe meglio ________ uno specialista.
☐ interrogare
☐ interpellare

b Guardi, può ________ lì all'ufficio spedizioni.
☐ interpellare
☐ informarsi

c Melania ________ ai suoi genitori il permesso di andare in vacanza con alcune amiche.
☐ domandò
☐ chiese

d Oggi sono stato ________ in filosofia.
☐ interrogato
☐ interpellato

e Tutti i giorni, alla fermata dell'autobus, incontro Eugenio, il quale mi ________ sempre di te.
☐ domanda
☐ chiede

f Tutti i giornalisti si accalcarono intorno al ministro per ________ .
☐ intervistarlo
☐ interpellarlo

g Il condannato ________ il giudice di concedergli la grazia.
☐ supplicò
☐ domandò

h Una volta ho pestato il piede a un signore. Naturalmente gli ________ subito scusa e invece lui ha cominciato a insultarmi.
☐ ho domandato
☐ ho chiesto

i Durante il processo il PM ________ tutti i testimoni.
☐ interpellò
☐ interrogò

j I fedeli vanno in chiesa per ________ .
☐ supplicare
☐ pregare

k La _________ di darmi una risposta al più presto possibile.
- ☐ prego
- ☐ chiedo

l Mio nonno _________ la mano di mia nonna, quando lei aveva appena 15 anni.
- ☐ chiese
- ☐ domandò

m Un passante mi _________ l'ora.
- ☐ ha pregato
- ☐ ha chiesto

n I poliziotti _________ i testimoni oculari.
- ☐ interrogarono
- ☐ domandarono

| | |
|---|---|
| **lo specialista** | *hier* der Facharzt |
| **l'ufficio spedizioni** | die Versandabteilung |
| **il permesso** | die Erlaubnis |
| **accalcarsi** | sich zusammendrängen |
| **il condannato** | der Verurteilte |
| **il giudice** | der Richter |
| **concedere la grazia** | begnadigen |
| **pestare** | *hier* treten |
| **insultare** | beschimpfen |
| **il PM (Pubblico Ministero)** | der Staatsanwalt |
| **il fedele** | der Gläubige |
| **il passante** | der Passant |
| **il testimone oculare** | der Augenzeuge |

## 108 Das *gerundio*: Ein exklusiv italienisches Modell!

Das *gerundio* ist eine im Deutschen nicht gebräuchliche Zeitform. Das *gerundio* wird im Italienischen benutzt,

- um auszudrücken, dass man gerade dabei ist, etwas zu tun. Das *gerundio* wird in diesem Fall immer vom Verb *stare* begleitet. Vergleichen Sie:

| | |
|---|---|
| *I ragazzi studiano.* | *I ragazzi* ***stanno studiando***. |
| Die Jungen lernen. | Die Jungen lernen gerade. |

– um zwei Sätze zu verknüpfen (beide Sätze müssen dasselbe Subjekt haben!):
*Se studi di più, superi l'esame di sicuro.* → ***Studiando** di più superi l'esame di sicuro.*
Wenn du mehr lernst, bestehst du sicher die Prüfung.
*Poiché sono uscito tardi, ho perso il treno.* → ***Essendo** uscito tardi ho perso il treno.*
Weil ich zu spät losgegangen bin, habe ich den Zug verpasst.

**Verbinden Sie die deutschen Sätze mit ihren italienischen Entsprechungen und ergänzen Sie diese dann mit dem passenden Verb im *gerundio* (oder *stare* + *gerundio*).**

a Die Kinder spielten Verstecken.
b Wenn wir den Bus nehmen, sind wir schneller.
c Beim Treppengehen bin ich gestolpert.
d Wir arbeiten gerade an einem neuen Projekt.
e Beim Nähen habe ich mich mit der Schere geschnitten.
f Wenn du weniger schlafen würdest, hättest du mehr Zeit.
g Weil ich noch nicht gegessen hatte, habe ich eine Pizza bestellt.
h Wenn ihr früh losfahrt, habt ihr keinen Stau.
i Ich glaube Francesca schläft gerade.
j Da ich eine Gehaltserhöhung bekommen habe, habe ich mir ein neues Auto gekauft.
k Weil wir zu spät gekommen sind, mussten wir stehen.
l Obwohl es mir nicht gut ging, bin ich arbeiten gegangen.

1 Pur ________________ male sono andato a lavorare.
2 ________________ presto, non trovate traffico.
3 ________________ di meno, avresti più tempo.
4 Credo che Francesca ________________ .
5 Sono inciampato ________________ le scale.
6 I bambini ________________ a nascondino.
7 ________________ un aumento, ho comprato un'auto nuova.
8 Mi sono tagliata con le forbici ________________ .
9 ________________ a un nuovo progetto.
10 Non ____________ ancora ____________ , ho ordinato una pizza.
11 Facciamo prima ________________ l'autobus.
12 ________________ tardi, siamo dovuti stare in piedi.

# 11

## 109 Synonyme: Alles ist ersetzbar ...

Hier wird Ihr Wortschatz durch ein Rätsel zum Thema Synonyme (sinnverwandte Wörter) aufgefrischt und erweitert.

**Tragen Sie die zu den unten stehenden Begriffen sinnverwandten Wörter in das *cruciverba* ein.**

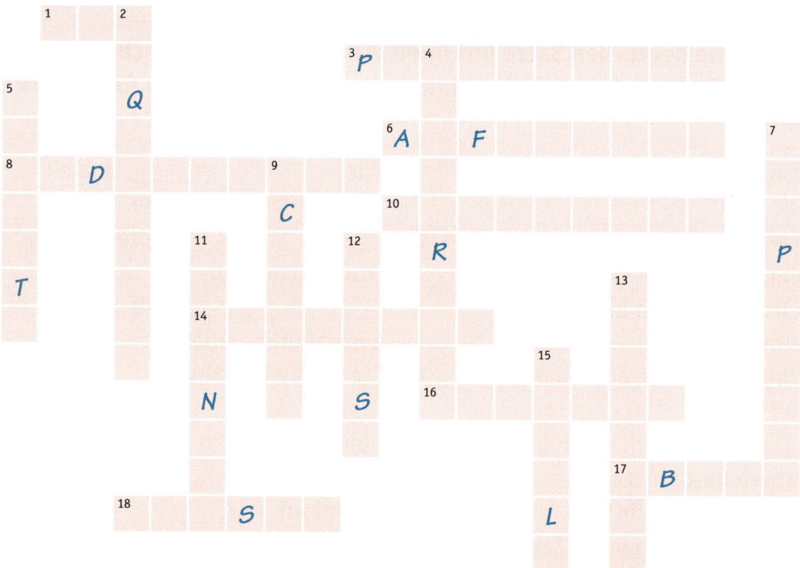

**Orizzontali**

1 (la) strada
3 (la) ceneriera
6 prendere
8 cambiare
10 (il) telefonino
14 (la) bugia
16 contento
17 (il) vestito
18 frequentemente

**Verticali**

2 comprare
4 (il) dolore
5 (l') incarico
7 difficile
9 vicino
11 restare
12 grande
13 vedere
15 (il) dono

| | |
|---|---|
| **la ceneriera** | der Aschenbecher |
| **la bugia** | die Lüge |
| **il dolore** | der Schmerz |
| **l'incarico** | der Auftrag, die Aufgabe |
| **il dono** | das Geschenk, die Gabe |

## 110 Wortschatz im Kontext: *un articolo*

Der folgende Text ist ein Zeitungsartikel, der von einem Einbruch berichtet. Sie lernen dabei einige nützliche Ausdrücke zum Thema Polizei.

**Vervollständigen Sie mit den unten stehenden Angaben.**

imprenditore   tentativo   interrompendo   festeggiare   insospettitosi
sera   malvivente   agenti   a conoscenza   avvenuto   alcuni
la polizia   forzati   per   quando   un'ombra   di   a   con   traccia
giovane   ha cominciato

# Un cane mette in fuga il ladro

**Il ______________ spaventato dal fedele amico del figlio di un ______________ torinese**

Il tentato furto è ______________ in casa di un noto imprenditore di Torino. Ieri ______________ la famiglia era in città per ______________ ______________ un successo della ditta, insieme ad ______________ collaboratori. Il figlio minore dell' imprenditore, un ragazzo ______________ sedici anni, era voluto rimanere a casa ______________ badare al cane, un setter di un anno al quale è molto affezionato.

Il ______________ era appena rientrato ______________ il cane dalla consueta passeggiata serale, ______________ il fedele amico a quattro zampe ______________ ad abbaiare in direzione della finestra. Il ragazzo ______________ è uscito per controllare e ha visto ______________ ______________ che fuggiva via. Guardando gli infissi ha notato che erano stati ______________ e quindi ha capito che si trattava di un ______________ ______________ di furto. Immediatamente ha avvertito ______________ . Quando però sono arrivati gli ______________ ______________ , era ormai troppo tardi. Il ladro si era volatilizzato senza lasciare nemmeno una ______________ .

L'imprenditore è stato costretto ______________ rientrare subito nella sua abitazione, ______________ ______________ la festa della quale evidentemente il malvivente doveva essere ______________ .

| | |
|---|---|
| **l'imprenditore,** *m* | der Unternehmer |
| **interrompere** | abbrechen |
| **insospettirsi** | argwöhnisch werden |
| **il malvivente** | der Verbrecher |
| **forzare** | aufbrechen |
| **l'ombra** | der Schatten |
| **la traccia** | die Spur |
| **mettere in fuga** | in die Flucht schlagen |
| **spaventare** | erschrecken |
| **fedele** | treu |
| **il tentato furto** | der versuchte Diebstahl |
| **badare** | aufpassen, achten |
| **il setter** | der Setter |
| **affezionato** | zugetan |
| **rientrare** | zurückkommen |
| **consueto** | gewohnt |
| **la passeggiata** | der Spaziergang |
| **la zampa** | die Pfote |
| **abbaiare** | bellen |
| **l'infisso** | der Fensterrahmen |
| **avvertire** | benachrichtigen |
| **volatilizzarsi** | verschwinden |
| **evidentemente** | offensichtlich |

## 111 Das Rätsel der doppelten Pluralformen

Einige Substantive besitzen zwei verschiedene Pluralformen. Die beiden Pluralformen desselben Substantivs können
- entweder dieselbe Bedeutung haben, wie z. B. *i ginocchi / le ginocchia* (die Knie)
- oder unterschiedliche Bedeutungen haben, wie z. B. *i membri* (die Mitglieder) / *le membra* (die Glieder des Körpers).

Der zweite Fall tritt am häufigsten auf!

**Vervollständigen Sie mit den unten stehenden Angaben. Achtung! Manchmal passen beide Pluralformen an derselben Stelle.**

lenzuoli strida delle dita stridi bracci membri delle membra le labbra i ginocchi i labbri mura i diti le lenzuola braccia i muri le ginocchia

a I miei suoceri mi hanno accolto nella loro famiglia a ____________ aperte.
b La piscina è affollatissima! Si sentono ____________ di bambini che giocano, si tuffano ...
c Gli amici veri si contano sulla punta ____________ .
d Ho due amici che sono ____________ del parlamento.
e Le gambe fanno parte ____________ inferiori.
f Antonella ha ____________ carnose, la fronte alta e il naso sottile.
g Stamattina sono caduto e adesso mi fanno male ____________ .
h L'edificio è costituito da un corpo centrale e due ____________ laterali piuttosto lunghi.
i La ferita non si è cicatrizzata bene perché ____________ erano estremamente lacerati.
j Ho stirato quattro ____________ e dieci camicie.
k Le città medioevali erano cinte di ____________ di difesa.
l L'altro giorno cadendo mi sono fratturato ____________ mignoli.
m Come è piacevole infilarsi tra ____________ fresche di bucato!
n ____________ della basilica sono affrescati con scene del Nuovo Testamento.

| | |
|---|---|
| **i lenzuoli / le lenzuola** | die Bettücher (einzeln / insgesamt) |
| **gli stridi / le strida** | gellender Schrei |
| **i bracci / le braccia** | die Arme (eines Sessels u. ä. / des Körpers) |
| **i diti / le dita** | die Finger (einzeln / insgesamt) |
| **i labbri / le labbra** | die Ränder / die Lippen |
| **i muri / le mura** | die Mauern (eines Gebäudes / einer Stadt) |
| **tuffarsi** | tauchen, springen |
| **la punta** | die Spitze |
| **carnoso** | fleischig, wulstig |
| **la fronte** | die Stirn |
| **cicatrizzarsi** | vernarben |
| **lacerato** | zerrissen |
| **stirare** | bügeln |
| **cingere** | umgeben |
| **fratturarsi** | sich brechen |
| **mignolo** | *hier* klein |
| **infilarsi** | schlüpfen |
| **affrescare** | mit Fresken bemalen |

## 112 „Besitzergreifende" Redensarten: *Amore mio!*

Im Italienischen gibt es eine Reihe von Redensarten in Kombination mit besitzanzeigenden Fürwörtern (*mio, tuo, suo* etc.). Beachten Sie, dass das besitzanzeigende Fürwort:

- hier ohne Artikel benutzt wird: *amore mio*
- vor oder nach dem Substantiv stehen kann: *figlio mio, a nostro avviso*

**Kreuzen Sie die richtige Form an.**

a ________ , non so che farci. Questa è la legge.
☐ Dio mio ☐ Signori miei ☐ In tuo onore

b La nonna è stata aggredita da un cane randagio e nessuno è corso ________ .
☐ in suo aiuto ☐ di sua iniziativa ☐ da parte sua

c Vai pure, ma ________ .
☐ a tuo agio ☐ a tua volta ☐ a tuo rischio e pericolo

d Il croupier disse che, ________ , non aveva mai visto una vincita così forte.
☐ in vita sua ☐ a casa sua ☐ per colpa sua

e Filippo, possibile che devi fare sempre ________ ?!
☐ di tua competenza ☐ di testa tua ☐ in tuo favore

f Quel politico è riuscito ad avere ancora una sentenza ________ .
☐ in suo favore ☐ in sua assenza ☐ per conto suo

g ________ , le leggi sul possesso e sull'uso della droga sono troppo severe.
☐ Di mia iniziativa ☐ A casa mia ☐ A mio avviso

h Del gatto si dice che, ________ , i topi ballano.
☐ in suo onore ☐ per colpa sua ☐ in sua assenza

i ________ , devi studiare di più!
☐ Figlio mio ☐ A tua volta ☐ Di testa tua

j Dottor Bovio, sono sempre ________ !
☐ a loro disposizione ☐ a Suo agio ☐ a Sua disposizione

k Mi dispiace, questa pratica non è ________ .
☐ di nostra competenza ☐ da parte nostra ☐ in nostro onore

l ________ , che diavolo avete combinato!
☐ Per colpa vostra ☐ Tesori miei ☐ Mamma mia

m ________ ho perso il treno!
☐ Per colpa tua ☐ A tua volta ☐ Da parte tua

n Patrizia, fa' come se stessi ________ .
☐ a casa mia ☐ a casa tua ☐ a casa sua

*Quando il gatto non c'è, i topi ballano!*

| | |
|---|---|
| **non so che farci** | ich kann nichts dafür |
| **in tuo onore** | dir zu Ehren |
| **aggredire** | angreifen |
| **randagio** | herrenlos |
| **in tuo favore** | zu deinen Gunsten |
| **la sentenza** | das Urteil |
| **a mio avviso** | meiner Meinung nach |
| **in sua assenza** | in seiner / ihrer Abwesenheit |
| **a tua volta** | deinerseits |
| **la pratica** | *hier* die Akte |
| **che diavolo ...!** | was zum Teufel ...! |
| **combinare** | anstellen |

## 113 Die Übung „danach"

Hier geht es um das Wort *dopo* und seine Anwendungsmöglichkeiten:

- ***dopo*** = „danach, nachher, dann, später", z. B. *ci vediamo dopo* (wir sehen uns nachher).
- ***dopo*** + Substantiv = „nach, hinter, folgend, später", z. B. *dopo la scuola* (nach der Schule)
- ***dopo di*** + Pronomen, z. B. *dopo di te* (nach dir)
- ***dopo*** + Infinitiv / Partizip oder ***dopo che*** + konjugiertes Verb = „nachdem", z. B. *dopo aver studiato / dopo che ho studiato* (nachdem ich gelernt habe)

**Verbinden Sie die linke mit der rechten Spalte zu sinnvollen Sätzen. Ergänzen Sie dabei *dopo, dopo di* oder *dopo che*.**

| | | | |
|---|---|---|---|
| a | Si sono incontrati per caso … | 1 | riposarmi un pochino. |
| b | In genere, ________ il lavoro vado … | 2 | ti va di fare un giro? |
| c | Subito ________ mangiato vorrei … | 3 | perció mi piacerebbe andare a messa con tutta la famiglia. |
| d | Ingegner Marini, prego … | 4 | ha dovuto ripetere l'esame di guida. |
| e | Prima vivevamo in una zona tranquillissima, … | 5 | quando sono uscita mi sono bagnata dalla testa ai piedi perché pioveva a dirotto! |
| f | Una volta ho preso una multa per eccesso di velocità, … | 6 | ________ il bar. |
| g | ________ ho finito di pulire la moto, … | 7 | un anno ________ ad un congresso. |
| h | ________ aver passato due ore dal parrucchiere per farmi la permanente, … | 8 | purtroppo non hanno trovato posto. |
| i | ________domani è domenica delle Palme e | 9 | ________ Lei! |
| j | Clara e Nadia sono arrivate ________ noi e … | 10 | a fare la spesa e poi torno a casa. |
| k | Guardi, la pasticceria è lì in fondo … | 11 | il giorno ________ mi hanno portato via l'auto con il carro attrezzi per divieto di sosta! |
| l | ________ gli è stata tolta la patente … | 12 | poi hanno cominciato a costruire un palazzo ________ l'altro e addio tranquillità! |

**Im Satz „i" erscheint der italienische Ausdruck für „übermorgen". Wie lautet er?**

________________________________________

| | |
|---|---|
| **la multa** | der Strafzettel |
| **l'eccesso di velocità** | die Geschwindigkeitsüberschreitung |
| **la permanente** | die Dauerwelle |
| **la domenica delle Palme** | der Palmsonntag |
| **togliere (tolto)** | wegnehmen |
| **l'esame (per la patente) di guida** | die Führerscheinprüfung |
| **piovere a dirotto** | in Strömen regnen |
| **il carro attrezzi** | der Abschleppwagen |
| **il divieto di sosta** | das Halteverbot |
| **addio tranquillità** | auf Wiedersehen, (liebe) Ruhe |

## 114 Feinschliff für Ihren Ausdruck II: Neue nützliche Wendungen

**Vervollständigen Sie mit den unten stehenden Ausdrücken und geben Sie in der rechten Spalte die deutsche Übersetzung des jeweils gesuchten Wortes an.**

quasi   inoltre   senza dubbio   all'improvviso   di corsa
in un batter d'occhio   dappertutto   appunto   affatto   altrettanto
a memoria   in realtà   sul serio   proprio

a Alle scuole medie la nostra insegnante d'italiano ci obbligava a imparare le poesie ________ . [ ]

b Senta, dovrei notificare il cambio di residenza e ________ avrei bisogno di una copia del certificato di nascita. In quale ufficio devo andare? [ ]

c Ero ________ arrivato a casa quando mi è finita la benzina e sono rimasto a piedi. [ ]

d Allora, ti è piaciuto il film con Moretti, "La stanza del figlio"? – ________ ! Lo sai che Moretti mi fa impazzire! [ ]

e Eravamo in tantissimi al comizio in piazza, quando è scoppiato un acquazzone e ________ la piazza si è svuotata! [ ]

f Complimenti, i tuoi quadri sono ______________ belli!

g Ieri pomeriggio, Roberto mi ha annunciato che aveva invitato due colleghi dell'ufficio a cena e allora sono dovuta andare ______________ a fare la spesa, perché il frigorifero era vuoto da far paura.

h ArrivederLa, dottoressa D'Angiolino, Le auguro una bella giornata! – Grazie, ______________ .

i Non sono riuscito a vedere la fine del film perché ______________ è andata via la corrente.

j Ragazzi, avete sparpagliato i giocattoli ______________ ! Mettete in ordine subito!

k Lo sai che Loredana e Beniamino si sono sposati? – ______________ ?! Ma non si erano lasciati?

l Ti va di andare al ristorante cinese? – Mah, ______________ non ho molta fame ...

m Non sono ______________ convinto che questa sia la soluzione migliore.

n Guarda, il film faceva proprio schifo! – ______________ te lo avevo detto di non andare a vederlo!

| | |
|---|---|
| **le scuole medie,** *pl* | die Mittelschule |
| **notificare il cambio di residenza** | die Änderung des Wohnsitzes melden |
| **il certificato di nascita** | die Geburtsurkunde |
| **rimanere a piedi** | zu Fuß gehen müssen |
| **il comizio** | die Kundgebung |
| **è scoppiato un acquazzone** | ein Platzregen ist ausgebrochen |
| **svuotarsi** | sich leeren |
| **annunciare** | ankündigen |
| **da far paura** | zum Erschrecken |
| **la corrente** | der Strom |
| **sparpagliare** | verstreuen |
| **fare schifo** | ekelhaft sein |

## 115 „Sehens"würdigkeiten: *vedere* und *guardare*

Das Verb *vedere* („sehen") ist im Italienischen nicht identisch mit dem Verb *guardare* („(an)sehen"). Im Gebrauch unterscheiden sich diese zwei Verben erheblich:

- *Vedere* wird im Sinne von „sehen, anschauen, ansehen, besuchen, bemerken, versuchen" gebraucht. *Vedersi* bedeutet hingegen „sich sehen" oder „sich treffen".
- *Guardare* wird im Sinne von „(an)sehen, (an)schauen, betrachten, aufpassen" verwendet. *Guardarsi* bedeutet hauptsächlich „sich betrachten".

Außerdem werden diese Verben in einer Reihe von feststehenden Wendungen gebraucht, z. B. *guardare qualcuno dall'alto in basso* = jemanden von oben herab ansehen.

**Ergänzen Sie mit *vedere* oder *guardare* in der richtigen Zeitform. Achtung! An zwei Stellen können beide Verben eingesetzt werden.**

a Voglio andare a ________________ la mostra su Fontana.
b Pippo, le chiavi nel cassetto non ci sono! – Sono lì! ________________ bene!
c Allora, ci ________________ domani in piazza verso le sette!
d Siete mai andati a ________________ un incontro di boxe?
e Ho resettato il computer, (noi) ________________ adesso se funziona!
f Ho fatto una gaffe con Luciana oggi. Tutti mi ________________ storto!
g Mamma, mi sono fatto male! – Dove? Fammi ________________.
h Il terrazzo della nostra casa al mare ________________ sul golfo di Gaeta.
i Che fate stasera? – ________________ la televisione.
j Fabio e Davide non ________________ l'ora di andare in vacanza.
k Arturo è uno sciocco presuntuoso. Non lo posso ________________!
l Venite anche voi a fare la settimana bianca? – Mah, ________________ ...
m Dove state andando? – Stiamo andando a ________________ un film al cinema.
n Come sei vanitosa! Ti stai ________________ allo specchio da due ore!
o Il nonno, con questi occhiali, non ci ________________ più bene.
p Che stai facendo? – Sto ________________ un film western.
q Vincenzo, ________________, secondo me devi ordinare i libri diversamente nello scaffale. Così non vanno bene.
r La figlia dei vicini mi ________________ i bambini una volta alla settimana.
s Dov'è Teresa? – Sta ________________ la vetrina della gioielleria.
t Quando (io) ________________ come piangeva, ho chiamato la mamma.

**Was heißt auf Italienisch: „scheel ansehen“, „jemanden nicht leiden können“ und „es kaum erwarten können“?**

| | |
|---|---|
| **la mostra** | die Ausstellung |
| **Lucio Fontana** | *Maler, Bildhauer (1899–1968)* |
| **resettare** | rückstellen |
| **fare una gaffe** | ins Fettnäpfchen treten |
| **storto** | scheel, schief |
| **lo sciocco presuntuoso** | der anmaßende Dummkopf |
| **vanitoso** | eitel |
| **lo specchio** | der Spiegel |
| **la vetrina** | das Schaufenster |
| **la gioielleria** | das Juweliergeschäft |

## 116 Wer nicht hören will, muss fühlen: *sentire* und *ascoltare*

*Sentire* und *ascoltare* sind zwei weitere Verben aus der Reihe der Sinnesempfindungen. *Sentire* hat ein breiteres Anwendungsspektrum als *ascoltare* und verdient daher erhöhte Aufmerksamkeit.

– *Sentire* bedeutet nicht nur „hören, anhören, zuhören, auf jdn. hören“, sondern auch „fühlen, empfinden, spüren, riechen“ sowie „kosten“ und „erfahren“.

– *Ascoltare* bedeutet ausschließlich „hören, anhören, zuhören, auf jdn. hören“.

In der Bedeutung von „hören“ wird in der Umgangssprache häufig kein Unterschied zwischen *sentire* und *ascoltare* gemacht. Dennoch gilt: *Ascoltare* wird mehr im Sinne von „aufmerksam hören“ gebraucht, *sentire* dagegen mehr im Sinne von „etw. mit dem Gehör vernehmen“.

| | |
|---|---|
| *La nonna **ascolta** sempre la messa alla radio.* | Die Großmutter hört (sich) immer die Messe im Radio (an). |
| ***Abbiamo sentito** dei rumori strani al piano di sopra.* | Wir haben komische Geräusche im oberen Stockwerk gehört. |

# 12

**Ergänzen Sie mit *sentire* oder *ascoltare* in der richtigen Zeitform.**

a Dov'è Lucia? – È andata ad ________________ una lezione all'università.
b Hanno suonato alla porta. – Io veramente non ________________ il campanello!
c Lo zio si è fatto vecchio. Non ci ________________ più tanto bene!
d Noi non ________________ mai la radio.
e Marco, ________________ l'ultima?
f Fabrizio, ________________ il consiglio del nonno, che ha tanta esperienza!
g Puoi chiudere la finestra, per favore? ________________ freddo!
h (Io) ________________ che Raffaele ha aperto un negozio di articoli sportivi.
i Tutti gli alunni ________________ il professore che spiegava il teorema di Pitagora.
j Ieri Annarita non si ________________ bene. Aveva un forte mal di testa.
k (Io) ________________ un rumore in giardino. – Vado a vedere!
l Mi rilasso ________________ la musica.
m La domenica si ________________ suonare le campane della chiesa vicina.
n La nonna ci raccontava tante favole e noi la ________________ per ore e ore.
o Per piacere, parlate più forte che non vi ________________ .
p ________________ , scusi, Lei è di qui?
q Mm, si ________________ un profumino! Che hai cucinato di buono?
r Pippo, ________________ come è buono questo vino!

| | |
|---|---|
| **la lezione** | *hier* die Vorlesung |
| **suonare** | *hier* klingeln |
| **il campanello** | die Klingel |
| **farsi vecchio** | alt werden |
| **l'ultima** | das Neueste |
| **il consiglio** | der Ratschlag |
| **l'esperienza** | die Erfahrung |
| **gli articoli sportivi** | die Sportartikel |
| **l'alunno** | der Schüler |
| **il teorema** | der Lehrsatz |
| **la campana** | die Glocke |
| **la favola** | das Märchen |
| **il profumino** | das Düftchen |
| **di buono** | Gutes |

## 117 Vom Umgang mit der Umgangssprache

Auf dieser Seite lernen Sie eine Reihe praktischer umgangssprachlicher Wendungen kennen, die sich nicht immer wörtlich ins Deutsche übersetzen lassen – also Lernsache sind.

**Finden Sie die passende Reaktion und verbinden Sie die linke mit der rechten Spalte zu sinnvollen Mini-Dialogen.**

| | | | |
|---|---|---|---|
| a | Avanti, non fare complimenti! Prendine ancora un po'. | 1 | Sì, ti chiamo, anzi ti mando un SMS. |
| b | Che facciamo, invitiamo anche Raimondo? | 2 | Caspita, sei stata velocissima! |
| c | Ahi, mi hai fatto male! | 3 | Accidenti, sei bravissimo! |
| d | La torta non è venuta bene, è troppo dolce! | 4 | Ecco, ho fatto! |
| e | Mi dai un colpo di telefono quando ti arriva la risposta? | 5 | Grazie, veramente, basta così. |
| f | Stasera non voglio uscire. | 6 | Sì, papà, lo sappiamo. |
| g | Giancarlo ha pagato una bolletta del telefono di 400 euro! | 7 | Mettile subito sotto l'acqua fredda, altrimenti si formano le bolle. |
| h | Dai, sbrigati! | 8 | Per forza, se non metti la spina! |
| i | Bambini, mi raccomando, non aprite a nessuno! | 9 | Per carità! Quello litiga con tutti. Ci rovinerebbe la serata! |
| j | Ho preso trenta e lode all'esame di latino. | 10 | Non è dolce, anzi! |
| k | Mamma, ho finito tutti i compiti! | 11 | Addirittura!? |
| l | Grazie mille per l'aiuto! | 12 | Oh, scusa, non l'ho fatto apposta! |
| m | Accidenti, mi sono scottata le dita! | 13 | E dai, io non voglio rimanere a casa!! |
| n | Carlo, la radio non funziona! | 14 | Figurati! È stato un piacere. |

**Tragen Sie nun für die angegebenen deutschen Wendungen die italienischen Entsprechungen ein.**

| | |
|---|---|
| ______________ | los, komm' … |
| ______________ | ich bitte dich / ach was |
| ______________ | verflixt, Donnerwetter |
| ______________ | es absichtlich machen |
| ______________ | um Gottes Willen |
| ______________ | Donnerwetter |
| ______________ | im Gegenteil, noch besser |
| ______________ | na klar / natürlich |
| ______________ | wirklich / sogar |
| ______________ | Umstände machen |
| ______________ | ich bitte dich / Sie / euch sehr |

| | |
|---|---|
| **dare un colpo di telefono** | kurz anrufen |
| **scottarsi** | sich verbrennen |
| **il dito (*pl* le dita)** | der Finger |
| **la bolla** | die Blase |
| **la spina** | der Stecker |
| **rovinare** | verderben |

## 118 Spaß mit Sprichwörtern

Sprichwörter gibt es in jeder Sprache. Aber: *Paese che vai usanza che trovi.* Andere Länder, andere Sitten. In den seltensten Fällen lassen sich Sprichwörter direkt in die Fremdsprache übersetzen. Deshalb sind sie uns eine Übung wert.

**Vervollständigen Sie die italienischen Sprichwörter mit den unten stehenden Angaben. Ordnen Sie sie dann den deutschen Entsprechungen zu.**

bocca abbaia pesci tre chiodo chi tace perde vario
occasione cuore due impara litiganti

| | |
|---|---|
| Chiodo schiaccia ________ . | Hunde, die bellen, beißen nicht. |
| A caval donato non si guarda in ________ . | Selbst ist der Mann. |
| Lontano dagli occhi, lontano dal ________ . | Gelegenheit macht Diebe. |
| Chi fa da sé fa per ________ . | Der Zufriedene hat immer genug. |
| Il lupo ________ il pelo ma non il vizio. | Die Welt ist schön, weil sie bunt ist. |
| Il mondo è bello perché è ________ . | Aus den Augen, aus dem Sinn. |
| Chi ________ acconsente. | Ein schlafender Fuchs fängt kein Huhn. |
| Non c'è ________ senza tre. | Die Katze lässt das Mausen nicht. |
| Can che ________ non morde. | Wer schweigt, gibt Recht. |
| L'________ fa l'uomo ladro. | Wenn zwei sich streiten, freut sich der Dritte. |
| Sbagliando s'________ . | Ein Keil treibt den anderen. |
| Tra i due ________ il terzo gode. | Aus Schaden wird man klug. |
| ________ si contenta gode. | Aller guten Dinge sind drei. |
| Chi dorme non piglia ________ . | Einem geschenkten Gaul schaut man nicht ins Maul. |

## 119 Synonyme II: Sagen wir es mal so ähnlich!

**Tragen Sie die zu den unten stehenden Begriffen sinnverwandten Wörter in das *cruciverba* ein.**

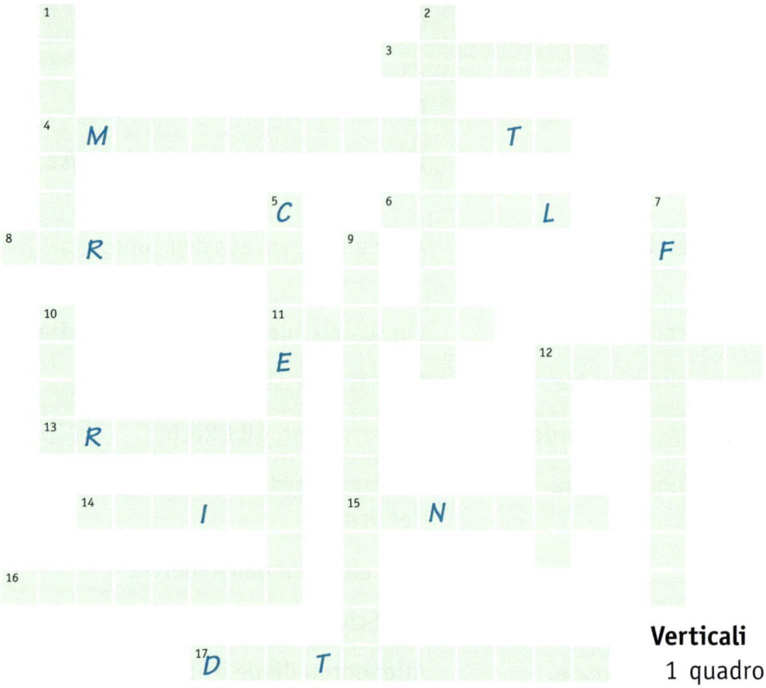


**Orizzontali**
3 dottore
4 subito
6 albergo
8 giusto, esatto
11 morbido
12 muro
13 verdura
14 ragione
15 modo
16 pullover
17 sdraiarsi

**Verticali**
1 quadro
2 chiamare
5 recipiente
7 sbrigarsi
9 di solito
10 salsa
12 sasso

| | |
|---|---|
| **morbido** | weich |
| **sdraiarsi** | sich hinlegen |
| **il recipiente** | der Behälter |
| **sbrigarsi** | sich beeilen |
| **il sasso** | der Stein |

## 120 Wortschatz im Kontext: *Una biografia*

Giuseppe Garibaldi ist eine der bekanntesten Persönlichkeiten der italienischen Geschichte. Lernen Sie sein aufregendes Leben näher kennen und üben und erweitern Sie dabei Ihren Wortschatz.

**Vervollständigen Sie die folgende Biographie mit den unten stehenden Angaben.**

segreta a da movimenti di natale amante si ritirò guerra per organizzò libertà ritornò marinaio morì ottenendo dove terza fu costretto popolare degli perse nel partecipò con incontro

Giuseppe Garibaldi nacque nel 1807 __________ Nizza (allora città italiana). Aveva uno spirito avventuroso ed era molto __________ del mare, così già da giovane si imbarcò come __________ . Durante i suoi viaggi si avvicinò ai __________ patriottici di quegli anni abbracciandone gli ideali di __________ . Nel 1833 si affiliò infatti alla società __________ di Mazzini, la Giovine Italia. Nel 1834, fallita l'insurrezione __________ Genova fu costretto all'esilio in Sudamerica, __________ fu impegnato in varie imprese di guerra al fianco __________ indipendentisti. Nel 1848 tornò in Italia e __________ alla prima guerra di indipendenza. __________ 1849 partecipò poi alla difesa della Repubblica Romana. Caduta la repubblica, Garibaldi __________ a lasciare la città. Durante la fuga, la moglie Anita __________ la vita. Dopo un nuovo esilio in America, __________ in Italia partecipando, come generale dell'esercito piemontese, alla seconda __________ di indipendenza, durante la quale Nizza – sua città __________ – fu ceduta alla Francia. Nel 1860 __________ la famosa Spedizione dei Mille nel regno delle Due Sicilie __________ liberarlo dai Borboni. La spedizione si concluse __________ successo e il regno conquistato fu ceduto __________ Garibaldi al re Vittorio Emanuele II nello storico __________ di Teano. Garibaldi era diventato così un personaggio __________ e leggendario. Nel 1866 partecipò alla __________ guerra di indipendenza e poi ad altre imprese belliche, __________ ancora qualche successo. Infine __________ nell'isola di Caprera, vicino alla Sardegna, dove __________ nel 1882.

12

| | |
|---|---|
| **natale** | Geburts... |
| **ritirarsi** | sich zurückziehen |
| **il marinaio** | der Matrose |
| **ottenere** | erzielen |
| **lo spirito** | der Geist, die Seele |
| **avventuroso** | abenteuerlich |
| **imbarcarsi** | sich einschiffen |
| **avvicinarsi** | sich annähern |
| **abbracciare** | *hier* ergreifen |
| **affiliarsi** | beitreten |
| **fallire** | scheitern |
| **l'insurrezione,** *f* | der Aufstand |
| **l'esilio** | das Exil |
| **l'impresa** | die Unternehmung |
| **l'indipendenza** | die Unabhängigkeit |
| **la difesa** | die Verteidigung |
| **la fuga** | die Flucht |
| **cedere** | *hier* überlassen |
| **il regno** | das Reich |
| **concludersi** | enden |
| **conquistare** | erobern |
| **leggendario** | legendär |
| **bellico** | Kriegs... |

## 121 Die „starken" Vergrößerungsformen

Vergrößerungsformen können sich auf die Größe, Stärke und Fähigkeit einer Person oder einer Sache beziehen. Manchmal werden sie jedoch ironisch oder auch abwertend gebraucht und weisen auf Hässlichkeit oder Unfähigkeit hin. Wie die Verkleinerungsformen (siehe Übung 101), werden Vergrößerungsformen im Italienischen durch das Anhängen verschiedener Nachsilben an das jeweilige Wort gebildet. Zu ihrem Gebrauch gibt es leider keine festen Regeln.

**Vervollständigen Sie mit den unten stehenden Vergrößerungsformen.**

paroloni furbacchione tettona pigrone figuraccia occhioni bacioni giornataccia tempaccio caratteraccio lacrimoni parolaccia dolciastro librone

a Ieri mi è successo di tutto. È stata una ________________ !
b Pia ha fatto una ________________ a scuola, l'altro giorno. Ha fatto un commento davvero stupido sul brano che stavamo leggendo.
c Che ________________ ! Piove, c'è vento e fa freddo!
d Quando parla, Orlando usa sempre certi ________________ ! Non lo capisce nessuno.
e Aspetto con ansia tue notizie. ________________ , Flora.
f Che ha mangiato Michele? – Una ________________ di pane con il formaggio.
g Il preside della nostra scuola è antipatico a tutti perché ha un ________________ .
h Oggi a tavola ho detto una ________________ e papà mi ha punito severamente.
i Sei un ________________ ! Avanti, alzati, vestiti e usciamo!
j Oh, questo vino è ________________ , non mi piace proprio!
k Quel bambino è un ________________ . Piange a comando e ottiene tutto quello che vuole.
l L'insegnante d'italiano ci ha dato da leggere un ________________ di mille pagine.
m Che ________________ ! Dimmi, perché piangi? Che è successo?
n Fabio è bellissimo! Ha due ________________ verdi incredibili!!

**Welche Nachsilben gibt es, um Vergrößerungsformen zu bilden? Kreuzen Sie die richtigen an.**

| | | | |
|---|---|---|---|
| ☐ -one | ☐ -iccia | ☐ -acchione | ☐ -estro |
| ☐ -accia | ☐ -ona | ☐ -astro | ☐ -accio |

| | |
|---|---|
| **il parolone** | das gewichtige Wort |
| **il furbacchione** | das Schlitzohr |
| **la fettona** | die große Schnitte |
| **fare una figuraccia** | eine schlechte Figur abgeben |
| **il lacrimone** | die große Träne |
| **la parolaccia** | das Schimpfwort |
| **dolciastro** | süßlich (*negativ*) |
| **il brano** | der Abschnitt |
| **l'ansia** | *hier* die Sehnsucht |
| **il preside** | der Schulleiter |
| **punire** | bestrafen |
| **ottenere** | bekommen |

## 122 Adjektive in „gehobener" Stellung

Aufgepasst! Einige Adjektive können im Italienischen vor oder hinter dem Substantiv stehen und allein durch diese Satzstellung ihre Bedeutung ändern: z. B. heißt *un **caro** amico* „ein lieber Freund", *un oggetto **caro*** hingegen „ein teures Objekt".

**Hier haben sich im Bezug auf die Stellung einiger Adjektive 10 Fehler eingeschlichen. Suchen und korrigieren Sie sie. Zu Ihrer Hilfe sind die betreffenden Adjektive kursiv gesetzt.**

a Dove li metto questi panni *vecchi*? – Buttali!
b Credimi, è una notizia *certa*, anzi certissima!
c Elvira è una donna *povera*, è del tutto succube del marito.
d Stefano e Giacomo sono due ragazzi *cari*!
e C'era una *sola* persona in tutto il treno.

f L'altro giorno ho incontrato un amico *vecchio*.
g La mia è una *numerosa* famiglia: ho due fratelli e tre sorelle.
h Nella mia classe c'erano bambini che provenivano da famiglie *povere*.
i L'anno scorso siamo stati a Ischia in un *caro* albergo ma molto bello.
j Era una *semplice* domanda! Perché ti arrabbi tanto?
k Non lo conosci? È un *unico* film! Lo devi vedere.
l Questa è una *semplice* ricetta, si prepara in pochi minuti.
m Lucio si incontra con colleghi *certi* dell'ufficio.
n Sono due oggetti *diversi* nello stile, non stanno bene insieme.
o Maddalena non ha figli e ha pure perso il marito: è una *sola* donna.
p Ho letto *diversi* articoli su questo argomento.
q Alla manifestazione parteciparono persone *numerose*.
r Ho un *unico* sogno: mi piacerebbe fare il giro del mondo.

**Finden Sie nun die italienischen Entsprechungen folgender deutscher Adjektive.**

| | vor dem Substantiv | nach dem Substantiv |
|---|---|---|
| ______ | bedauernswert | arm |
| ______ | langjährig | alt |
| ______ | lieb | teuer |
| ______ | einzig | einsam |
| ______ | gewiss, einig | sicher |
| ______ | groß | zahlreich |
| ______ | einzig | einzigartig |
| ______ | nur | einfach |
| ______ | verschieden | unterschiedlich |

| | |
|---|---|
| **mettere** | *hier* hintun |
| **succube** | hörig |
| **provenire** | (her)kommen |
| **stare bene insieme** | zusammenpassen |
| **l'argomento** | *hier* das Thema |
| **la manifestazione** | die Veranstaltung |
| **partecipare** | teilnehmen |
| **il giro del mondo** | die Weltreise |

## 123 *Prima o poi*, früher oder später

Das italienische Wort *prima* wird in folgenden Kontexten verwendet:

- ***prima*** = „früher, vorher, zuvor“, z. B. *prima portavo i capelli lunghi* (früher hatte ich lange Haare; siehe auch Übung 85).
- ***prima di*** + Substantiv / Pronomen = „vor“, z. B. *prima di cena* (vor dem Abendessen).
- ***prima di*** + Verb im Infinitiv = „bevor“, z. B. *ti chiamo prima di uscire* (ich rufe dich an, bevor ich ausgehe).
- ***prima che*** + konjugiertes Verb = „bevor, sobald“; z. B. *ti chiamo prima che tu esca* (ich rufe dich an, bevor du ausgehst).

**Verbinden Sie die linke mit der rechten Spalte zu sinnvollen Sätzen. Ergänzen Sie sie dabei mit *prima*, *prima di* (evtl. + Artikel) oder *prima che*.**

| | | | |
|---|---|---|---|
| a | Sono arrivato all'ufficio un'ora ___________ … | 1 | ___________ lo venga a sapere da altri. |
| b | La mattina, ___________ andare a scuola, … | 2 | dopo pochi metri sulla sinistra c'è un parcheggio. |
| c | Si alzarono ___________ sei … | 3 | perché il mio orologio andava avanti! |
| d | Glielo voglio dire io … | 4 | ___________ ho potuto. |
| e | Come?! Non torni per cena? … | 5 | pensaci bene! |
| f | Dovete girare ___________ semaforo a destra e … | 6 | ora invece si è impigrito e non esce mai. |
| g | Sono venuto … | 7 | abbiamo finito ___________ voi! |
| h | ___________ prendere una decisione … | 8 | a novanta anni, poco ___________ morire. |
| i | Avvisa Lina e Giampiero … | 9 | ___________ sia troppo tardi! |
| j | ___________ Elpidio faceva lunghe passeggiate, … | 10 | crollasse a causa della scossa sismica. |
| k | Il 22 subimmo il furto. Due giorni ___________ avevamo ricevuto … | 11 | una telefonata strana alla quale, però, non avevamo dato importanza. |
| l | Il mio bisnonno fece testamento … | 12 | per arrivare al porto in orario. |
| m | Questa volta siamo stati più veloci, … | 13 | ricontrollo tutti i compiti. |
| n | La gente riuscì a fuggire ___________ la casa … | 14 | Me lo potevi dire ___________ ! |

| | |
|---|---|
| **il semaforo** | die Ampel |
| **avvisare** | Bescheid geben |
| **subire** | erleiden |
| **il furto** | der Diebstahl |
| **ricevere** | erhalten |
| **il bisnonno** | der Urgroßvater |
| **il testamento** | das Testament |
| **fuggire** | entfliehen |
| **andare avanti** | *hier* vorgehen |
| **impigrirsi** | faul werden |
| **crollare** | einstürzen |
| **la scossa sismica** | der Erdstoß |
| **dare importanza (a)** | Bedeutung beimessen |

## 124 Präpositionen: Die üblichen Verdächtigen

„*Nel mezzo del cammin di nostra vita ...*" – in der Mitte unseres Lebensweges – so lauten die Anfangsworte von Dantes „Göttlicher Komödie". Fast jeder Italiener kennt diesen Satz. „*Nel mezzo di*" ist ein feststehender Ausdruck, der aus zwei Präpositionen und einem Substantiv besteht.
Um weitere gebräuchliche Wendungen dieser Art und um die üblichen *di, a, da, in* geht es in der letzten Präpositionsübung. Viel Erfolg!

**Setzen Sie die unten stehenden Präpositionen ein. Die Präpositionen sind mehrfach verwendbar. Wo nötig, verschmelzen Sie die Präposition mit dem passenden bestimmten Artikel (*il, lo, la* etc.).**

in cima a    in mezzo a    in base a    in seguito a    in occasione di
a proposito di    in cambio di    a causa di    di    a    da    in

a Quando ero piccolo, andavo ____________ pesca con il nonno. Bei tempi!
b Bellissimo questo vaso. – È dipinto ____________ mano.
c Ci vieni anche tu ____________ conferenza, vero? – ____________ conferenza, tu come ti vesti?

d ______________ quell'occasione Enza si comportò veramente ______________ stupida.
e Mi ha riconosciuto ______________ centinaia di persone!!
f ______________ matrimonio ______________ Pippo e Cecilia c'erano tantissime cose ______________ mangiare.
g ______________ quest'età fai ancora scherzi così infantili!
h ______________ mio compleanno ho deciso di organizzare una festicciola ______________ casa mia.
i Sono arrivati ______________ ritardo ______________ sciopero ______________ treni.
j ______________ crisi dei prestiti immobiliari i prezzi delle case, ______________ Stati Uniti, sono scesi notevolmente.
k Hai visto i miei occhiali? – Li hai ______________ mano!!
l I ragazzi sono andati ______________ stadio ______________ vedere la partita.
m Ti va una tazza ______________ tè? – Volentieri.
n Gli abbiamo regalato sei bicchieri ______________ acqua e sei bicchieri ______________ vino.
o Guardi, ______________ friggitrice Le potrei dare una pentola a pressione.
p Ieri ho comprato una tuta ______________ sci, una gonna ______________ seta, dei pantaloni ______________ velluto e un paio ______________ occhiali ______________ sole.
q Ci potreste illustrare ______________ quali criteri il cliente sceglie i vostri prodotti?
r Ubaldo è un misantropo, vive ______________ una montagna solo come un cane!

| | |
|---|---|
| **la cima** | der Gipfel |
| **in mezzo a** | *hier* unter |
| **in base a** | aufgrund |
| **in seguito a** | infolge |
| **in occasione di** | anlässlich |
| **a proposito di** | was ... betrifft |
| **in cambio di** | (an)statt |
| **la pesca** | *hier* das Fischen |
| **dipingere (dipinto)** | malen |
| **il centinaio (*pl* le centinaia)** | Hunderte |
| **infantile** | kindisch |
| **la festicciola** | das kleine Fest |
| **il prestito immobiliare** | der Immobilienkredit |
| **la friggitrice** | die Friteuse |
| **la pentola a pressione** | der Schnellkochtopf |
| **la tuta** | der Overall |
| **il velluto** | der Samt |
| **illustrare** | erläutern |
| **il misantropo** | der Menschenfeind |

## 125 Verben mit zwei Gesichtern

***Mi chiamo*** *Paolo.* = Ich heiße Paolo. ***Chiamo*** *Paolo.* = Ich rufe Paolo (an).

Haben Sie den Unterschied bemerkt? Richtig, das Verb *chiamare* kann im Italienischen reflexiv und nicht-reflexiv gebraucht werden. Dabei ändert es allerdings seine Bedeutung: *chiamarsi* (refl.) = heißen, *chiamare* (nicht-refl.) = (an)rufen. Natürlich gibt es noch mehrere italienische Verben dieser Art. Sehen Sie selbst!

**Ergänzen Sie mit den unten stehenden Verben in der richtigen Zeitform und geben Sie dann die deutsche Übersetzung des Infinitivs an.**

agitarsi agitare alzarsi alzare cambiarsi cambiare perdersi ~~perdere~~ sentirsi sentire svegliarsi svegliare sbrigarsi sbrigare chiamarsi chiamare

a Quella volta che i miei cugini andarono al casinò, *persero* ________ un mucchio di soldi. [ *verlieren* ]

b Devo ________ la lampadina perché si è fulminata. [ ]

c Se ________ meglio, farei una passeggiata. [ ]

d Se fosse maschio, (noi) lo ________ Vladimiro. [ ]

e Da dove viene questo rumore? – Io non ________ niente! [ ]

f Se avessi seguito esattamente le indicazioni del navigatore satellitare, (tu) non ________ . [ ]

g Adesso, ________ il braccio destro e abbassi il sinistro. [ ]

h Linda è una tipa nervosa, ________ per un nonnulla. [ ]

i Stamattina ________________ come sempre alle sette, ma siamo rimasti a letto a poltrire fino alle nove.

j Smettetela di litigare, altrimenti ________________ il nonno.

k Fabrizio, ________________, sennò arriviamo tardi!

l Scusi, Lei come ________________? – Vittorio Di Giacomo.

m Prima, quando il professore entrava in classe, gli studenti ________________ in piedi.

n Scusami per il ritardo ma ho dovuto ________________ un affare importante.

o Ti sei bagnato tutto! Avanti, ________________ subito.

p Mi raccomando, Maria, ________________ bene lo sciroppo prima di darlo al bambino.

| | |
|---|---|
| **il mucchio** | der Haufen |
| **la lampadina** | die Glühbirne |
| **fulminarsi** | durchbrennen |
| **il navigatore satellitare** | das Navigationssystem |
| **abbassare** | senken |
| **il nonnulla** | die Kleinigkeit |
| **poltrire** | faulenzen |
| **bagnarsi** | nass werden |
| **mi raccomando** | *hier* denk daran |
| **lo sciroppo** | der Sirup |

## 126 Die Körpersprache: Mit Händen und Füßen!

Die Italiener sind bekannt für ihren Gestenreichtum. Wer sie schon einmal beobachtet hat, der weiß, eine Unterhaltung wird mit Händen und Füßen geführt. Ganze Sätze werden dabei oft durch eine einzige Bewegung ausgedrückt. Die Körpersprache muss daher wie die Sprache selbst gelernt werden.

**Ordnen Sie die Beschreibung der Körperbewegungen ihren Bedeutungen zu. Schreiben Sie dazu die Buchstaben der Beschreibungen in die entsprechenden Kästchen neben den Bedeutungen.**

a unire le dita verso l'alto e far oscillare il polso in direzione della spalla
b tenere la mano sinistra di traverso muovendola dal basso verso l'alto e colpirla con la mano destra
c aprire e chiudere le dita della mano verso l'alto
d stringere le spalle sollevandole verso l'alto
e portare le dita della mano unite sotto il mento e poi muoverle in avanti
f sfregare le punte dell'indice e del medio contro il pollice
g mettere la mano di taglio in mezzo ai denti
h portare l'indice teso davanti alle labbra
i incrociare il medio e l'indice
j unire i due indici tesi
k far toccare le punte dei due indici tesi
l fare le forbici con le dita
m martellare l'indice sulla tempia
n portare l'indice teso al centro della guancia e girarlo

- ☐ Quei due non vanno d'accordo!
- ☐ Quei due se la intendono!
- ☐ Boh! / Non lo so!
- ☐ Che rabbia!
- ☐ Buona fortuna!
- ☐ Dacci un taglio!
- ☐ Sei / È pazzo!
- ☐ Riassumi!
- ☐ Quanto costa?
- ☐ Non mi importa!
- ☐ Silenzio!
- ☐ Buono!
- ☐ Ma che dici? / Ma che vuoi?
- ☐ Vattene!

| | |
|---|---|
| **oscillare** | schwingen |
| **di traverso** | quer |
| **il mento** | das Kinn |
| **sfregare** | reiben |
| **l'indice,** *m* | der Zeigefinger |
| **il medio** | der Mittelfinger |
| **il pollice** | der Daumen |
| **di taglio** | hochkant |
| **teso** | *hier* gestreckt |
| **la tempia** | die Schläfe |
| **intendersela** | unter einer Decke stecken |
| **la rabbia** | die Wut |
| **Dacci un taglio!** | Hör auf (zu sprechen)! |

## 127 Vom Umgang mit der Umgangssprache II

Hier üben Sie weitere umgangssprachliche Wendungen. Achten Sie wieder darauf, dass diese im Deutschen häufig anders formuliert werden (siehe auch Übung 117).

**Kreuzen Sie den passenden Ausdruck an.**

a Donato, ma ___________ ?! Non so quanti SMS ti ho mandato!
- ☐ senti chi parla
- ☐ che fine hai fatto

b Hai fatto pace con zia Titina? – ___________ !! Quella è una vipera!
- ☐ Neanche per sogno
- ☐ Magari

c Dovresti vestirti un po' meglio! – ___________ ! Mi sembri una straccione!
- ☐ Senti chi parla
- ☐ Macché

d Come ti senti oggi? – ___________ ... un po' meglio!
- ☐ Insomma
- ☐ Ci mancherebbe altro

e Mamma? – ___________ ?
- ☐ Meno male
- ☐ Che c'è

f Il piccolo Daniele sentì che nella stanza accanto stavano litigando e pensò: "__________ me ne sto qui, zitto zitto!"
- ☐ Insomma
- ☐ Quasi quasi

g Ah, lo sai, questa volta Antonio l'ha superato l'esame. – __________ !
- ☐ Macché
- ☐ Meno male

h __________ , vieni a mangiare, o no?
- ☐ Magari
- ☐ Insomma

i Perché i soldi a tuo fratello non glieli presti tu? – __________ ! Così non li vedo più!
- ☐ Ci mancherebbe altro
- ☐ Senti chi parla

j Ci siamo talmente innervositi che __________ arrivassimo alle mani!
- ☐ c'è mancato poco che
- ☐ quasi quasi

k Allora, ti sono arrivate le schede elettorali? – __________ ! E ho pure chiamato in consolato!
- ☐ Macché
- ☐ Insomma

l Con la promozione hai avuto anche uno scatto di stipendio? – Eh, __________ !
- ☐ meno male
- ☐ magari

**Tragen Sie nun für die angegebenen deutschen Wendungen die italienischen Entsprechungen ein.**

| | |
|---|---|
| __________ | Schön wär's! |
| __________ | Nicht im Traum! |
| __________ | Gott sei Dank! |
| __________ | Es fehlte nicht viel ... |
| __________ | Hört, hört! |
| __________ | Das wäre ja noch schöner! |
| __________ | Was ist? |
| __________ | Ach was! |
| __________ | am liebsten, am besten |
| __________ | Also, bitte!, So lala! |
| __________ | Was ist aus dir geworden? |

| | |
|---|---|
| **fare pace** | Frieden schließen |
| **la vipera** | *hier* die Schlange |
| **lo straccione** | der Landstreicher |
| **arrivare alle mani** | handgreiflich werden |
| **la scheda elettorale** | der Wahlzettel |
| **lo scatto di stipendio** | *hier* die Gehaltserhöhung |

## 128 Noch mehr Spaß mit Sprichwörtern

Erinnern Sie sich an Übung 118? Auch jetzt gilt es wieder die italienischen Entsprechungen einiger bekannter Sprichwörter zu entdecken.

**Suchen Sie die passende Fortsetzung zu den unten angefangenen Sprichwörtern.**

a Tra il dire e il fare ...
b Gallina vecchia ...
c Chi trova un amico ...
d Fidarsi è bene, ...
e Tentar ...
f Le bugie hanno ...
g Molto fumo e ....
h Tra moglie e marito ...
i Tanto va la gatta al lardo ...
j Tutto il mondo ...
k L'abito non ...
l Chi lascia la via vecchia per la nuova ...
m Ambasciator ...
n Fatta la legge ...

che ci lascia lo zampino.
poco arrosto.
fa il monaco.
sa quel che lascia ma non sa quel che trova.
fa buon brodo.
non porta pena.
trovato l'inganno.
trova un tesoro.
non mettere il dito.
non nuoce.
c'è di mezzo il mare.
è paese.
non fidarsi è meglio.
le gambe corte.

**Schreiben Sie nun die Buchstaben der italienischen Sprichwörter neben deren deutsche Entsprechungen.**

- [g] 1 Viel Rauch um nichts.
- [ ] 2 Das ist leichter gesagt als getan.
- [ ] 3 Der Krug geht solange zum Brunnen, bis er bricht.
- [ ] 4 Jedes Gesetz hat sein Hintertürchen.
- [ ] 5 Auch das Alter hat seine Reize.
- [ ] 6 Lügen haben kurze Beine.
- [ ] 7 Wenn Mann und Frau streiten, dann hält man sich raus.
- [ ] 8 Ein guter Freund ist mehr wert als alles Gold der Welt.
- [ ] 9 Überall wird nur mit Wasser gekocht.
- [ ] 10 Versuchen kostet nichts.
- [ ] 11 Eine Kutte macht noch keinen Mönch.
- [ ] 12 Vertrauen ist gut, Kontrolle ist besser.
- [ ] 13 Wer einen alten Weg verlässt, weiß zwar was er hatte, aber nicht was er vorfindet.
- [ ] 14 Den Boten trifft keine Schuld.

## 129 Redewendungen für jeden Geschmack!

Wie in Übung 99 haben Sie jetzt erneut die Möglichkeit Ihr, Italienisch durch pfiffige Redewendungen alltagstauglich zu machen. Beeindrucken Sie also Ihre Freunde!

**Tragen Sie die fehlenden Wörter der unten stehenden Redewendungen in das *cruciverba* ein.**

**Orizzontali**

1 Mm, che si mangia? Ho una _____ da lupi!
3 Quella non la sopporto, mi sta sullo _____ !
7 Ercole _____ come una spugna.
9 Mettiti nei miei _____ . Che cosa avrei potuto fare?
10 Quella disgrazia li colpì come un _____ a ciel sereno.
11 Questo profumo mi fa venire l'acquolina in _____ .
12 Stai piantato davanti alla televisione tutto il santo _____ !

**Verticali**

2 All'esame ho avuto un vuoto di _____ , non mi ricordavo più niente.
4 Dimmi, che è successo? Sono tutt'_____ .
5 A quaranta anni Marina sta ancora aspettando il principe _____ .
6 Mamma mia, sei _____ come un'acciuga!
8 Quella ragazza gli ha fatto perdere la _____ .

**Tragen Sie nun die italienischen Redewendungen neben die deutschen Entsprechungen ein.**

hungrig wie ein Wolf sein
den lieben langen Tag lang
der Märchenprinz
jdm. den Mund wässrig machen
ein Blitz aus heiterem Himmel
Gedächtnislücke
nicht riechen können
saufen wie ein Loch
ganz Ohr sein
sich in die Lage von jdm. versetzen
jdm. den Kopf verdrehen
ein Strich in der Landschaft sein

## 130 Wortschatz im Kontext: *Un reclamo*

Auf dieser Seite werden Sie mit einer Situation konfrontiert, in die Sie jederzeit geraten können: eine Beschwerde.

**Vervollständigen Sie mit den unten stehenden Angaben.**

piattini nonché pagamento sembrasse danneggiati spett.le ordine mancavano è avvenuta merce esattamente imballata pertanto che

__________ Ditta,

il 10 marzo ho effettuato il seguente __________ (n. 127):

| Quantità | Articolo | Modello | Prezzo |
|---|---|---|---|
| 12 | bicchieri da vino rosso | XS27A | 9,95 € (cadauno) |
| 12 | bicchieri da vino bianco | XY25A | 11,50 € (cadauno) |
| 6 | tazzine da caffè + __________ | PD56F | 35,00 € |

La consegna degli articoli sopraelencati __________, come previsto, entro tre settimane dall'ordine, __________ il 28 marzo. Sono spiacente di informarVi, però, che la fornitura è insoddisfacente. Infatti, sebbene il pacco alla consegna __________ intatto, all'apertura ho dovuto constatare con mio grande stupore che

- __________ le tazzine da caffè con i piattini;
- la scatola dei bicchieri da vino rosso era stata __________ male e perciò quattro bicchieri erano __________.

Per tale ragione non ho ancora effettuato il __________ come pattuito. Vi prego __________ di provvedere alla sostituzione dei bicchieri danneggiati __________ di inviarmi il terzo articolo non pervenuto. Vi faccio presente __________, trattandosi di un regalo, ho urgente necessità di ricevere la __________ entro il 15 aprile.

Pesaro, 29 marzo 2008

Distinti saluti
Giovanni Rossi

| | |
|---|---|
| **nonché** | sowie |
| **danneggiare** | beschädigen |
| **spett.le (spettabile)** | an (*Anrede für Firmen*) |
| **la merce** | die Ware |
| **imballare** | verpacken |
| **pertanto** | daher |
| **effettuare** | aufgeben, vornehmen |
| **cadauno** | pro Stück |
| **la consegna** | die Lieferung |
| **sopraelencato** | oben angeführt |
| **la fornitura** | die Lieferung |
| **insoddisfacente** | unbefriedigend |
| **lo stupore** | das Erstaunen |
| **pattuire** | vereinbaren |
| **provvedere** | veranlassen |
| **la sostituzione** | der Ersatz |
| **pervenire** | ankommen |
| **fare presente** | hinweisen |

# L

**Merke: Die in Klammern gesetzten Alternativen sind möglich, jedoch *in der Regel* nicht sehr gebräuchlich.**

## Übung 1

la torre – der Turm, la chiave – der Schlüssel, il ponte – die Brücke, la tosse – der Husten, il fiore – die Blume, la pelle – die Haut, il latte – die Milch, la stagione – die Jahreszeit, la cornice – der Rahmen, il pesce – der Fisch, la luce – das Licht, la fame – der Hunger, la neve – der Schnee, la televisione – das Fernsehen, il fiume – der Fluss, il giornale – die Zeitung, la polvere – der Staub, il sapone – die Seife, il piede – der Fuß, la pace – der Frieden, il limone – die Zitrone, la carne – das Fleisch, il colore – die Farbe

**Folgende Substantive weisen dasselbe Geschlecht auf**: la pelle – die Haut, la stagione – die Jahreszeit, il pesce – der Fisch, il fiume – der Fluss, il piede – der Fuß

## Übung 2

b grande / groß
c antico / Alt-
d maiuscola / Groß-; minuscola / Klein-
e giovani / jung
f piccolo / klein
g bassa / klein
h giovanile / jung
i piccola / klein (kurz)
j spiccioli / Klein-
k anziane / alt
l vecchio / alt

**groß**: alto, grande, maiuscolo
**klein**: minuscolo, piccolo, basso, spicciolo
**alt**: antico, anziano, vecchio
**jung**: giovane, giovanile

## Übung 3

a prego
b Prego, per piacere
c per piacere
d Prego
e Prego
f Per piacere
g per piacere
h Prego
i per piacere
j Prego
k per piacere
l per piacere, Prego
m prego
n per piacere

## Übung 4

a-4; b-8; c-10; d-6; e-1; f-3; g-11; h-7; i-12; j-2; k-9; l-5

## Übung 5

a a, in
b nel
c in
d in
e in
f in
g In, al
h in
i a
j a, alla
k A, alle, in
l a
m al
n A, a
o a
p a
q a
r a, negli

## Übung 6

1 esserci
2 esserci
3 essere

a ci sono
b c'è
c è
d c'è
e sono
f sono
g c'è
h è
i Ci sono
j C'è
k c'è
l sono

## Übung 7

a suona
b giocare, giochiamo
c ha suonato
d gioca
e ha suonato
f ha recitato
g suonare
h suonare
i giocare
j ha recitato
k gioca
l Giocano

## Übung 8

a Questa volta andiamo / viaggiamo in treno.
b Quando vanno a scuola i bambini?
c Sono stato/a a Parigi. – Sei andato/a in aereo? / Hai preso l'aereo?
d Oggi vado a piedi.
e Marco va a Roma per lavoro ogni settimana.
f Vogliamo andare a piedi o con l'autobus / in autobus?
g L'aereo vola a bassa quota.
h Sono andati/e a Firenze in treno.
i Ho imparato a guidare nel 1999.
j Vado in bicicletta ogni giorno / tutti i giorni.
k Le api volano di fiore in fiore.
l Elena e Walter sono andati in Sicilia in nave / con la nave.
m Non sono mai andato/a in tram.

## Übung 9

a-10-Amo; b-8-piace; c-9-piacciono; d-5-Preferisco; e-1-odia; f-11-Amiamo; g-4-Detesto; h-2-piace; i-12-piacciono; j-6-Odio; k-3-Detesta; l-7-piace

## Übung 10

## Übung 11

b posto / Ort
c porta / Tür
d fogli / Blätter
e porto / Hafen
f banca / Bank
g coperto / Gedeck
h cassetto / Schublade
i banco / Theke
j cassetta / kleine Kiste
k foglie / Blätter
l coperta / Decke
m caso / Zufall
n posta / Post

## Übung 12

pesanti, leggeri, pesanti, leggeri, difficile, facile, pesanti, leggero

## Übung 13

a Lo spettacolo è stato molto bello.
b La videoteca all'angolo è ben fornita.
c La bicicletta è rotta. La devo riparare.
d Conosci Maria? – Sì, la conosco.

e Non lo so.
f Patrizia è malata. La dobbiamo chiamare.
g Amo il pesce. Lo mangio una volta alla settimana.
h Come era / è stata la festa?
i La porta è aperta. La chiudi per piacere?
j Dov'è papà? Lo aspetto da due ore.
k Ha già spedito la lettera? – La spedisco subito!
l Mm, il gelato al caffè! Lo voglio provare!
m Avete già visto questo film? – No, non lo abbiamo ancora visto.
n Ti piace la carne? – Sì, ma la mangio raramente.

## Übung 14

b-vera-9; c-10-particolarmente; d-gentilmente-3; e-5-lentamente; f-1-speciale; g-12-specialmente; h-perfettamente-11; i-7-perfetto; j-4-gentili; k-veramente-6; l-8-tranquillo

## Übung 15

a Il ragazzo di Olga si chiama Franco.
b La giacca è in camera da letto.
c Non c'è niente di bello da fare.
d Rita ha comprato un pullover di cotone.
e D'inverno vado a sciare.
f Noi veniamo da Madrid.
g Devo andare dal parrucchiere.
h Loro sono di Piacenza.
i Di sera usciamo con gli amici.
j Vorrei un bicchiere di vino bianco.
k Aspetto l'autobus da un'ora.
l Da lunedì comincio la dieta.
m Stasera dormo dal mio amico.

**di:** von (Besitz), Genitiv, aus (Material), am / im (Zeit), aus (Herkunft), Menge
**da:** Zweck, aus (Herkunft), zu (jdm. gehen, etc.), seit, ab, bei (jdm.)

## Übung 16

a da
b del
c dalla
d Da
e Di
f dall'
g dalle
h da
i di / d'
j da
k Di
l di
m da
n di
o da
p di

## Übung 17

a cammina
b correre
c ho girato
d tornate
e sono saltata
f girare
g attraversavo
h torniamo
i girare
j proseguire
k camminare
l Abbiamo girato

## Übung 18

a abbiamo fatto visita a
b visitare
c Frequento
d venite a trovare
e è andato a trovare
f frequenta
g sono andati
h frequento
i abbiamo visitato
j assistere
k visitare
l va a trovare

## Übung 19

b Io non so lavorare a maglia, e tu?
c Sai giocare a dama?
d Oggi non posso giocare a tennis perché non ho tempo. / Non posso giocare a tennis oggi perché non ho tempo.
e Lara sa cucinare molto bene.
f Devo studiare e perciò non ti posso aiutare.
g Wanda non sa cucire e nemmeno ricamare. / Wanda non sa ricamare e nemmeno cucire.

h Nei luoghi pubblici non si può fumare. / Non si può fumare nei luoghi pubblici.
i Scusi, può chiudere la porta, per piacere?
j Non potete passare perché c'è stato un incidente.
k Mamma, posso uscire con Giovanni stasera?
l Marco, sai suonare la chitarra?

## Übung 20

| | | | | | | | | | | | | | | |
|---|---|---|---|---|---|---|---|---|---|---|---|---|---|---|
| | | [1]S | | | | | | | | | | | | [2]D |
| | | I | | | | | [3]B | | | | | | | I |
| [4]P | O | C | O | | [5]Q | | E | | [6]S | E | M | [7]P | R | E |
| | | U | | | U | | N | | O | | | R | | T |
| | | [8]R | A | R | A | M | E | N | T | E | | E | | R |
| | | A | | | | | | | T | | | S | | O |
| | | M | | [9]P | E | G | G | I | O | | | T | | |
| | | E | | | | | | | | [10]F | U | O | R | I |
| [11]L | O | N | T | A | N | O | | | | | | | | |
| | | T | | | | | | | | | | | | |
| | | E | | | | | | | | | | | | |

## Übung 21

**una lattina di:** aranciata
**una confezione di:** liquori, ricotta, panna, burro
**un pacco di:** pasta, fogli, riso, biscotti
**una scatola di:** caramelle, fiammiferi, cioccolatini, pastelli, biscotti, tonno
**un barattolo di:** vernice, sottaceti, piselli, salsa di pomodoro, miele, pepe, tonno, maionese
**una bottiglia di:** aranciata, olio, vino, rum, birra
**un pacchetto di:** caramelle, pepe, sigarette

## Übung 22

1 Bei Hauptwörtern im Plural verwendet man *alcuni* und *alcune* / *di* + Artikel.
2 Bei Hauptwörtern im Singular verwendet man *qualche*.
3 Bei Sammelnamen im Singular verwendet man *di* + Artikel.

a dello
b della, della
c Alcune
d Qualche
e del
f Qualche
g Alcuni
h dell'
i alcune
j qualche

## Übung 23

a Gli amici di Francesco sono molto simpatici.
b Per favore mi puoi dare le chiavi?
c Gli devi dire la verità.
d Hai comprato le cozze?
e Hai chiamato Paola e Gigi? – No, gli ho scritto un'e-mail.
f Nora porta sempre gli stivali.
g Ti piacciono le macchine sportive?
h Le volevo chiedere un piacere.
i Hai visto Vincenzo? – No, ma gli ho mandato un SMS.
j Bernardo non le crede.
k Quando gli ha telefonato?
l Le ho restituito i 100 euro.
m Le pentole stanno nella credenza.
n Mi piacciono gli zucchini.

## Übung 24

a-5-bene; b-bene-7; c-2-buon; d-buon-10; e-bene-1; f-9-bene; g-buona / buon'-4; h-bene-3; i-6-buoni; j-buono-8

## Übung 25

a per, per
b per
c per
d tra / fra
e tra / fra
f per
g per
h per
i tra / fra
j per
k Tra / Fra
l per, per
m Per
n tra / fra

**per:** für, nach, lang, am, gegen, um ... zu, durch / per, aus, an / zu
**tra / fra:** in, unter, zwischen, von

## Übung 26

siamo, È, siamo, abbiamo, siamo, è, abbiamo, è, siamo, ho, è / ha, è, è, ho, abbiamo, è, ho, è

## Übung 27

- a cucinare
- b cuciniamo
- c cucini
- d bolle
- e cuocere
- f cotta
- g cuoce
- h cucinando
- i cuocerle
- j cucinato
- k cotta
- l cuocere

## Übung 28

- a prendere
- b porti
- c porta
- d portare
- e ha preso
- f portava
- g portare
- h porto
- i abbiamo portato
- j portare
- k Hai preso
- l Porto

**Satz e:** prendere = treffen
**Satz k:** prendere = ausmachen
**Satz l:** portare = führen

## Übung 29

- a Parto
- b te ne andare
- c partite
- d È uscito
- e se ne va
- f parte
- g andare via
- h me ne sono andato
- i uscire
- j va via
- k usciva
- l esco

## Übung 30

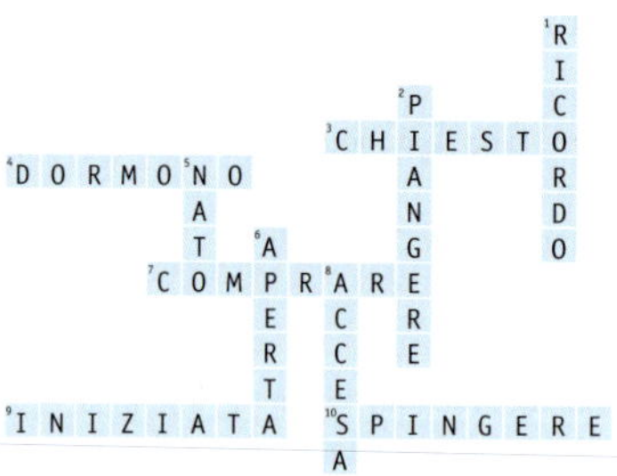


## Übung 31

la frutta – das Obst, la fame – der Hunger, gli occhiali – die Brille, le forbici – die Schere, la sete – der Durst, le ferie – die Ferien, il riso – der Reis, la gente – die Leute, le nozze – die Hochzeit, i dintorni – die Umgebung, il pepe – der Pfeffer, la roba – das Zeug, i soldi – das Geld, i capelli – die Haare, la pasta – die Nudeln, l'uva – die Trauben, i pantaloni – die Hose

## Übung 32

- a Mio padre ha lavorato sodo tutta la (sua) vita.
- b Ti richiamo in tutti i casi.
- c Abbiamo mangiato tutto.
- d Mario era / è stato in giro tutto il giorno.
- e Tutti mi hanno fatto gli auguri per il (mio) compleanno.
- f Quanto costa questo? – 1.500 euro, tutto compreso.
- g Ci alziamo tutti i giorni alle sette.
- h Hai bevuto il latte? – Sì, tutto.
- i Ho letto tutto il libro in due giorni.
- j Tutti e tre i figli / bambini di Silvana hanno i capelli neri.
- k Sono venuti alla festa Rocco ed Ettore? – Sì, tutti e due.
- l Allora andiamo tutti insieme!
- m Questo è tutto. Non ho più niente da dire.
- n Marta e io ci incontriamo tutti gli anni.
- o Purtroppo devo stirare tutte queste camicie.
- p Tutti i miei amici vanno in vacanza, solo io no!
- q (È) tutto il contrario.
- r Quando guardate la televisione? – Tutte le sere quando mangiamo.

## Übung 33

a ogni
b ogni
c tutti
d tutte le
e ogni
f tutti i
g Ognuno
h Ogni
i Tutti
j Ogni
k tutto il
l Ognuno
m Tutti
n Ognuno

## Übung 34

a-molto-7-molto; b-molti-1; c-5-molti; d-molta-2; e-molto-6-molte; f-8-molto; g-molto-3; h-molta-10; i-4-molto; j-molto-9-molti-molte

## Übung 35

a Con
b sul
c con i / coi
d con i / coi
e sul
f sul
g con
h con il /col
i con la / (colla)
j con
k su
l sulle
m sulla
n sull'
o con lo / (collo)
p sul
q sui
r con il / col
s sul
t Sulla

## Übung 36

b ti sei arrabbiato con
c È innamorato di
d ti lamenti di
e hai finito di
f chiedere a
g Vi siete scusati con
h Parliamo di
i ringraziare del
j spero di
k hanno telefonato a
l soffre di

## Übung 37

a-5-andare; b-9; c-7-dovrebbe; d-12-sa; e-11-farci; f-10-è permesso; g-3-preferisce; h-8; i-4; j-14-Non; k-15-vanno; l-6-è possibile; m-16-andare; n-1; o-13-Devo; p-2-stavamo

## Übung 38

a occorre
b mette
c serve
d serve
e occorre
f occorrono
g ha messo
h avete bisogno
i vuole
j vogliono
k vuole
l servono
m avete bisogno
n hanno messo
o vogliono
p Avevo bisogno

## Übung 39

a noleggiare
b noleggiava
c Affittiamo
d Hanno affittato
e hanno noleggiato
f abbiamo affittato
g ha noleggiato
h Hanno noleggiato
i affittare
j noleggiare

## Übung 40

b Da nove anni.
c Preferisco stare in piedi.
d No, grazie. Abbiamo appena preso un caffè.
e Perché la mia ragazza è di Verona.
f Diciannove.
g Mi dispiace, non sono di qui.
h Allora, per primo prenderei un risotto alla milanese ...
i Certo, signora. Lo annoto immediatamente.
j Un attimo, Glielo passo.
k Oh, mi dispiace, sono finite.
l Devo ancora fare la versione.

## Übung 41

a Sono
b copia
c sonno
d rose rosse
e sete
f coro
g sanno
h tuta
i tutta
j sette
k capelli
l corro
m sano
n coppia
o casa, cassa
p cappelli

## Übung 42

a Sua sorella lavora come commessa in un grande magazzino.
b Roberto non sta bene oggi. / Oggi Roberto non sta bene. / Roberto, oggi, non sta bene. Gli fa male la pancia.
c Vogliamo andare a casa mia?
d Mio padre si è trasferito a Roma con i suoi genitori(,) quando aveva 13 anni.
e Hai le gambe molto lunghe. / (Le tue gambe sono molto lunghe.)
f A causa vostra ho perso diecimila euro.
g Mi fa (tanto) male la testa! Per caso hai un'aspirina? / Hai per caso un'aspirina? / Hai un'aspirina per caso?
h Hanno cambiato idea.
i Togliti la giacca e appendila là / lì.
j Cinzia è fortunata. I suoceri l'aiutano / la aiutano molto.
k Mi hai (proprio) letto nel pensiero!
l Stasera, in tuo onore, ho aperto la bottiglia di vino più pregiata.
m Vi dovete mettere il cappotto.
n Sono / Sto da un mio amico.

## Übung 43

a A me
b Mi, A me
c da lui
d con noi
e Ci / A noi
f La
g mi
h vi
i Gli
j Lo
k Le
l di loro
m con lui
n noi

## Übung 44

b migliore / (più buono)
c meglio
d meglio
e migliore / più buona
f migliore
g meglio
h il migliore
i meglio
j meglio
k migliori / più buone
l meglio

## Übung 45

a Di, di
b al
c a, in / a
d A, a, in
e nel, della
f Da, da
g Tra / Fra, a, in
h in, in / con la / (colla)
i per
j a, a
k A, Alle
l Dalla
m Con
n dall', a
o in, a
p Da
q di
r da
s con le / (colle), alla
t di
u Tra le / Fra le
v sulla
w a
x sul

## Übung 46

a sono / stanno
b sono
c sta
d sono / sto, sono
e è
f sono / stanno
g sta
h Stiamo
i sono
j è / sta
k è
l stanno
m stanno
n sono, Sono

## Übung 47

a è venuta a prendere
b hai ritirato / sei andata a prendere
c va a prendere
d venire a prendere
e andare a prendere
f andavo a prendere
g ritirare / andare a prendere
h veniamo a prendere
i andando a prendere
j Vado a prendere
k è venuto a prendere
l Sono andati a prendere

## Übung 48

a-4; b-6; c-1; d-7; e-3; f-5; g-8; h-2

kalt stellen = mettere in fresco; beiseite legen = mettere da parte; eine Frage stellen = porre una domanda; sich etw. in den Kopf setzen = mettersi in testa qualcosa; sich zur Verfügung stellen = mettersi a disposizione; leiser stellen = abbassare; das Haar legen = fare la messa in piega; höher stellen = aumentare

## Übung 49

a La banca ci ha prestato 20.000 euro.
b Mi sono fatto prestare il computer da papà.
c Da chi ti sei fatto prestare il trapano?
d Non ci faremmo mai prestare la Ferrari da Silvio!
e Il mio amico Vito mi presta sempre il suo fucile da caccia.
f Ti hanno potuto prestare / Hanno potuto prestarti il loro appartamento per una settimana.
g Vi prestava sempre la sua macchina fotografica.
h Ogni lunedì Flora si fa prestare il motorino da Manlio.
i Che cosa vi siete fatti prestare da Iolanda?
j Prima non ti prestavo mai niente.

## Übung 50

suora = Nonne; nonne = Großmütter; coriandoli = Konfetti; confetti = Zuckerkonfekt; direttore d'orchestra = Dirigent; dirigente = Betriebsleiter; brevetti = Patente; patente = Führerschein; scialle = Schultertuch; sciarpa = Schal; affare = Geschäft; ditta = Firma; giacca = Sakko; sacco = Sack, Haufen; vita = Taille; taglia = Kleidergröße; voto = (Schul-)Note; nota = Anmerkung, Note; borsa = (Hand-)Tasche; tasca = (Kleidungs-) Tasche; lametta = (Rasier-)Klinge; offrire = spendieren; spendere = ausgeben; firma = Unterschrift

## Übung 51

## Übung 52

mangiare → mangiabile; raggiungere → raggiungibile; credere → credibile; vivere → vivibile; ripetere → ripetibile; sopportare → sopportabile; leggere → leggibile; fare → fattibile; recuperare → recuperabile; bere → bevibile

a bevibile
b fattibile
c vivibile
d credibili
e sopportabile
f leggibile
g Mangiabile
h raggiungibili
i ripetibili
j recuperabile

## Übung 53

b si veste
c si beveva
d Sì, certo
e si fuma
f si devono
g note, si
h Si vede
i si sposano
j si mangiavano
k Sì, adoro

**si**: man, sich
**sì**: ja

In den Sätzen c, e, i, j weist *si* keine deutsche Entsprechung auf. Die italienischen Verben sind reflexiv gebraucht (*si* / sich + Verb), die deutschen nicht.

# L

## Übung 54

a no
b non
c non
d no
e —
f non
g No, non
h Non
i Non, non
j No, non
k no
l —
m Non
n —
o Non
p non

## Übung 55

a male
b Male
c cattiva
d brutto
e male
f male
g cattivo
h male
i Brutte
j cattivo
k male
l cattivi
m Brutto
n brutti

## Übung 56

b finalmente
c alla fine
f alla fine
g finalmente
i Alla fine
k alla fine
n finalmente
o alla fine

## Übung 57

a conosco
b conosco
c ho conosciuto
d conoscevo
e ci siamo conosciuti / conosciute
f ho conosciuto
g conoscevi
h conosce
i vi siete conosciuti
j conosciamo
k conoscevamo

## Übung 58

a Lo sapevi che Mario ha ricevuto un'ottima offerta di lavoro a Bruxelles?
b Non (lo) so se voglio frequentare l'università. In realtà vorrei / mi piacerebbe lavorare.
c Maledizione, lo sapevo! Proprio oggi il treno è in ritardo / porta ritardo.
d Quando c'è la prossima partita? Come posso fare a saperlo?
e Se tutto va bene, lo so alla fine del mese.
f Abbiamo appena saputo, che Flavio ha avuto un grave incidente d'auto.
g Attilio e Silvana si sono comprati un casale. – Veramente? Non lo sapevo.
h Volevo sapere se i miei documenti sono pronti.
i Quando lo avete saputo? – Proprio adesso. L'abbiamo letto nel / sul giornale.
j Lo sapevate che il proprietario del negozio di elettrodomestici è fallito?
k (Noi) non sappiamo mai niente. Nessuno ci dice quello che succede / accade.
l Bianca ha partorito. – Sì, lo sapevo già / già lo sapevo.
m Devo assolutamente sapere dove abita Amedeo. / Devo sapere assolutamente dove abita Amedeo. Gli devo restituire un libro.
n Da chi lo hai saputo? – Da Orlando.

## Übung 59

a-14-fa; b-11; c-12-fa; d-6-Si è fatto; e-1-fare; f-3-fare; g-13-fare; h-18-Facciamo; i-17-Fa'; j-9-fare; k-4; l-10-fa; m-8; n-5-fare; o-16-Ho fatto; p-15-ti sei fatto; q-2-fare; r-7-fare

## Übung 60

b Sei incinta? Auguri!
c Oh, grazie! Ma come lo sai?
d Mi dispiace. La prossima volta andrà meglio.
e Bravo! Congratulazioni!
f Davvero? Devo chiamarlo per fargli i complimenti.

g Ok, va bene. Prendo altre due polpette, che sono buonissime.
h Peccato, sarà per un'altra volta!
i Prego, si accomodi!
j Cin, cin!
k Beati voi! Divertitevi, anche per me!
l Non ti preoccupare, non fa niente.

## Übung 61

a ancọra
b pure
c sụbito
d vọlano
e però
f purè
g princịpi
h pero
i capitạno
j ạncora
k volạno
l subịto
m cạpitano
n prịncipi

## Übung 62

a Questa è la mia borsa. Me la dai, per piacere?
b Non abbiamo capito il problema. Ce lo può spiegare di nuovo?
c Lo devo aiutare. Gliel'ho promesso.
d Mm, il pane fresco! Me ne fai / (faresti) provare un pezzo, per piacere?
e Questo è un hotel magnifico. Glielo consiglio. / (Glielo posso consigliare).
f La storia era fantastica! – Ve la racconto un'altra volta domani. / Domani ve la racconto un'altra volta.
g Il tuo bicchiere è / sta lì / là. Te lo devo prendere?
h Ho i capelli bagnati. / (I miei capelli sono bagnati.) Me li devo asciugare subito. / Devo asciugarmeli subito.
i Oh, il nuovo libro di Andrea De Carlo! Me lo presti(,) quando lo hai letto?
j Se vi piacciono le arance, ve ne diamo una cassetta.
k I pantaloni sono troppo lunghi. Me li puoi accorciare?
l Ho dimenticato la penna. – Te ne do una delle mie.
m Non glielo devi dire. / Non devi dirglielo.
n Mi servono un attimo le Sue chiavi. Gliele riporto subito.

## Übung 63

b Che avete fatto ieri sera? – Niente di particolare.
c Non posso venire domani. – Che peccato!
d Ti piace il mio bracciale nuovo? – Che bello!
e Roberta, a che stai pensando?
f La cornice che è sul tavolo è un regalo di matrimonio.
g Vittorio ha deciso di candidarsi. – Che notizia!
h Io preferisco più viaggiare in treno che in aereo.
i Lo so che sei una persona estremamente disponibile.
j Mangio la carne sia in padella che alla brace.
k Che io sappia, Alberto si è trasferito in Russia per lavoro.
l Ho dimenticato in che giorno è nato mio fratello!

***Che* bedeutet noch**: als, was, was für ein, welcher

## Übung 64

- *Mentre* verwendet man, wenn „während" einen Nebensatz einleitet.
- *Durante* verwendet man, wenn „während" ein Hauptwort begleitet.

b Mentre – Durante la lezione ho dovuto spegnere il cellulare.
c mentre – Un mio collega si è sentito male durante l'esame.
d Durante – Mentre si discuteva del nuovo progetto si sono valutati diversi fattori di rischio.
e mentre – Signora, per cortesia, durante la mia assenza, innaffi i fiori tutti i giorni.
f Mentre – Durante le ferie mi hanno svaligiato l'appartamento.
g mentre – Ieri mattina, durante la colazione hanno ricevuto una notizia inaspettata.
h durante – Il pubblico applaudiva entusiasticamente mentre la giuria conferiva i premi.

# L

## Übung 65

a A, da
b Tra / Fra, del, di
c dal, con
d vicino a, della
e senza
f Verso
g Con, a
h in, in
i in, fino alle
j Invece di, al
k di, su, del
l Dopo, all'
m per
n dietro al / vicino al
o Secondo
p in
q fa
r sotto

## Übung 66

a-6-non mi va; b-3-è andata a finire; c-7-Mi è venuta; d-2-vanno; e-1-viene; f-10-crescere; g-11-Mi è venuto; h-4-mi fa venire; i-5-va consegnato; j-9-mi viene, andare; k-8-stai, Insomma

## Übung 67

a non siamo potuti passare
b mi passi
c Gliela passo
d Hanno passato
e Le va bene la gonna
f siamo passati per il giardino
g sono appena passate
h Sono passati due anni
i Che (cosa) è successo
j le devi passare
k Mi piacerebbe / Vorrei passare un attimo da te
l Abbiamo passato momenti difficili

**passare:** durchfahren, etw. reichen, jdm. (am Telefon) geben, verbringen, gehen durch, vorbeifahren, vergehen, (Gemüse) passieren, vorbeikommen, durchmachen

## Übung 68

a proverei
b provare
c avevano provato
d ho provato
e provavo
f proveremo
g provare
h hanno provato / provano
i Prova
j provare
k Stanno provando
l provi

**provare:** empfinden / fühlen, (aus)probieren, proben, versuchen, anprobieren, kosten, wagen, beweisen / nachweisen

## Übung 69

favorevole – sfavorevole; irrespirabile – respirabile; regolare – irregolare; irraggiungibile – raggiungibile; legale – illegale; infedele – fedele; ingiusto – giusto; ripetibile – irripetibile; illogico – logico; cortese – scortese; superabile – insuperabile; immobile – mobile; spiacevole – piacevole; indimenticabile – dimenticabile; insospettabile – sospettabile; felice – infelice; personale – impersonale; impopolare – popolare; incapace – capace

## Übung 70

a hai
b stanno
c Fa
d tratta
e hanno
f dà
g vanno
h devo / debbo
i fa
j hai
k è venuto
l dai
m stai / hai
n Mi sento
o fare
p È

a Entschuldige, wie alt bist du? – Vierundzwanzig.
b Wie geht es deinen Eltern? – Gut, danke.
c Es ist kalt hier. Kann man die Heizung anschalten?
d Könnte ich bitte mit Herrn Dr. Rossi sprechen? Es handelt sich um eine dringende Angelegenheit.
e Die Kinder sind müde. Ich bringe sie ins Bett.
f Unser Schlafzimmer liegt leider zur Straße hin.
g Heute Abend müssen wir die Wurst essen, sonst wird sie schlecht.
h Giorgio, wie viel bekommst du für die Karte? / Wie viel schulde ich dir für die Karte? – Nichts, ich bitte dich!
i Gut, ihr habt Spaß gehabt. Das freut mich. / Ich freue mich.
j Martina, ist dir kalt? Ich hole (dir) eine Decke.

- k Gestern Abend ist mir eingefallen, dass wir vergessen haben Luca einzuladen.
- l Los, für wie alt hältst du mich? – Puh, ich habe keine Ahnung.
- m Hey, Clelia, du siehst wirklich gut aus!
- n Mir wird schlecht. Es ist vielleicht besser, wenn ich nach Hause gehe.
- o Wozu hast du den Regenschirm mitgenommen? Es regnet nicht!
- p Ich habe Vilma seit langem nicht mehr gesehen.

## Übung 71

- a ore / Stunden
- b pesca / Fischen
- c numero / Nummer
- d ore / Uhr(zeit)
- e rosa / Rose
- f borsa / (Hand-)Tasche
- g tasca / Tasche
- h peli / Haare
- i lettere / Buchstaben
- j pesca / Pfirsich
- k pasta / Teig
- l capelli / Haare
- m tempo / Wetter
- n tempo / Zeit
- o pasta / Nudeln
- p numero / Größe
- q pasta / Gebäck
- r rosa / rosa
- s lettere / Briefe
- t taglia / Größe

## Übung 72

- a Un
- b una
- c alcun / nessun
- d Alcuni, una
- e alcuni / qualcuno / uno
- f uno / qualcuno
- g qualcun / un
- h nessuno, nessuna
- i qualcuno
- j qualcuno
- k qualcuno, nessuno
- l nessuna
- m qualcuno
- n nessuno

## Übung 73

- a c', Ci
- b —, ce
- c ci
- d ci
- e ci
- f —
- g ci
- h —, (ci)
- i —, ce
- j ci, ci
- k ci
- l —
- m —, ci
- n Ce
- o ci

## Übung 74

- a Insomma
- b Nel complesso
- c Tutto sommato
- d di persona
- e insomma
- f per iscritto
- g di qua
- h di corsa
- i ad alto volume
- j a bassa voce
- k per caso
- l Per fortuna
- m di là
- n al massimo

## Übung 75

a-come-12; b-Quando-7; c-6-di; d-Da-2; e-11-che; f-10-quando; g-1-che; h-5-come; i-8-da; j-4-dei; k-9-di; l-Quando-3

## Übung 76

- a Ho visto un film che mi è piaciuto molto.
- b Viola è una persona su cui posso sempre contare.
- c Il paese in cui sono nata è piccolissimo.
- d Ti devo raccontare una barzelletta che ho sentito ieri.
- e Ho conosciuto la ragazza di cui si è innamorato Alberto.
- f Ho fatto un incidente con la moto che mi aveva prestato Rocco.
- g Ti piacciono le scarpe nuove che ho comprato?
- h Non conosco la vicenda a cui ti riferisci.
- i Siamo andati a cena nel ristorante che ci avevi consigliato.
- j I ragazzi con cui divido l'appartamento sono di Genova.
- k Ho deciso di non andare alla cena a cui sono stato invitato.
- l Perché non ti metti il vestito che ti ha regalato la nonna?

# L

## Übung 77

a-9; b-15-si è fatta; c-1-va; d-13-impazzito; e-16; f-7-Comincia; g-10-migliorare; h-5-venuto; i-12; j-2-peggiorato; k-8-si raffredda; l-4-Si è fatto; m-3-si sono fatti; n-14; o-11; p-6-dimagrito

**Ausdrücke mit „werden“**: alt werden → invecchiare / farsi vecchio; schlecht werden → andare a male; verrückt werden → impazzire / diventare matto; dick werden → ingrassare / ingrassarsi; kalt werden → (cominciare a) fare freddo, raffreddarsi; besser werden → migliorare; schön werden → venire bene; nass werden → bagnarsi; schlechter werden → peggiorare; spät werden → farsi tardi; groß werden → crescere / farsi grande / diventare grande; böse werden → arrabbiarsi; gut werden → andare bene; dünn werden → dimagrire / farsi magro

## Übung 78

a ho perso
b perderò
c hanno perso / avevano perso
d ho perso
e ha perso
f ci siamo persi
g mi perdevo
h perdi
i perde
j perderete
k hanno perso
l abbiamo perso
m Si perdeva
n perde

**perdere**: verlieren, verlegen, verpassen, versäumen, auslaufen / -rinnen
**perdersi**: sich verlaufen, sich verfahren

den Kopf verlieren → perdere la testa; in einem Glas Wasser ertrinken → perdersi in un bicchier d'acqua; sitzen bleiben → perdere l'anno; ums Leben kommen → perdere la vita

## Übung 79

a te la cavi
b Non ne posso più
c ce la sentiamo
d Gliela dai
e Ce la fai
f ce la metterai
g me ne frega
h smettere
i me ne sono andato
j ce l'hai
k prendertela
l l'ho fatto apposta

sich danach fühlen = sentirsela, nicht mehr können = non poterne più, nachgeben = darla vinta; zurechtkommen = cavarsela; aufhören = smetterla, weggehen = andarsene, darauf pfeifen = fregarsene, die Schuld geben = prendersela, es schaffen = farcela, auf jdn. böse sein = avercela, alles daransetzen = mettercela tutta, es absichtlich tun = farlo apposta

## Übung 80

si dice, Tra, le elezioni, perciò, Ci vorrebbe, l'hai sentita, siete messi, di, va, una cortesia, alcuni, dove, durante, più, limitata, basterebbe, molto, per, scalo, potremmo, ne, però, Fammi

## Übung 81

| | | | | [1]B | | | | | | | [2]N | | | | | | | | | |
|---|---|---|---|---|---|---|---|---|---|---|---|---|---|---|---|---|---|---|---|---|
| | | | | E | | | | | | | O | | | | | | | [3]C | | |
| | [4]C | | | L | | | | | | | I | | | | | | | A | | |
| | A | | | L | | | | | | | O | | | | [5]G | | | M | | |
| | L | | [6]P | E | R | I | C | [7]O | L | O | S | A | | | I | | | B | | [8]F |
| | C | | | Z | | | | N | | | A | | [9]S | P | O | R | T | I | V | A |
| | I | | | Z | | | | E | | | | | | | R | | | A | | R |
| | A | | | A | | [10]S | | S | | [11]O | | | | | N | | | M | | M |
| | T | | | | [12]L | E | T | T | U | R | A | | | | A | | | E | | A |
| | O | | | | | R | | À | | D | | | | | L | | | N | | C |
| | R | | [13]A | | | I | | | [14]S | I | M | P | A | T | I | A | | T | | I |
| [15]D | E | C | I | S | I | O | N | E | | N | | | | | S | | | O | | S |
| | | | U | | | | | | [16]C | A | N | T | A | N | T | E | | | | T |
| [17]D | E | N | T | I | S | T | A | | | T | | | | | A | | | | | A |
| | | | O | | | | | | [18]S | O | L | O | | | | | | | | |

## Übung 82

a Che differenza c'è fra i canederli e gli gnocchi?
b Che piacere rivederti!
c Devo andare a comprare la frutta? – No, ne abbiamo ancora.
d In quale strada abita?
e Conosco delle persone che vanno sempre a mangiare fuori. Ma ne conosco anche alcune che preferiscono cucinare.
f Hanno demolito la casa nella quale abbiamo vissuto / vivevamo da bambini.

g Mi servirebbero delle graffette. Ne hai alcune / qualcuna?
h Quali occhiali devo comprare?
i Ci servono delle tende nuove. – Ne ho viste alcune nel negozio all'angolo.
j Hanno ereditato una casa su cui / sulla quale grava un'ipoteca.
k Ci incontriamo davanti al cinema. – A che ora?
l Sulla home page c'è / si trova un modulo che bisogna compilare.

## Übung 83

b Rimani ancora un po'? – No, io me ne vado.
c Vuoi una sigaretta? – No, grazie, ne ho già fumate troppe.
d Ha la mortadella? – Quanta ne vuole?
e Ti serve la macchina domani? – No, non ne ho bisogno.
f È convinto della decisione? – Ne sono convintissimo!
g Hai due uova? – Ne ho solo uno!
h Ho un problema. – Ne vuoi parlare?
i Sei andato in chiesa? – Sì, ne vengo proprio adesso.
j Prendi un cioccolatino! – Sì, grazie, ne prendo uno.
k Pensi che Marta cambi idea? – Ne dubito.
l Vorrei cambiare lavoro. – Tuo marito che ne dice?

## Übung 84

a Forse
b Magari
c Forse
d magari / forse
e forse
f Forse
g forse
h Magari
i Forse
j Magari
k magari
l forse
m Magari / Forse
n magari
o forse

## Übung 85

a Prima
b primo
c primi
d prima
e primo
f Prima
g Prima
h Primo
i prima
j prima
k primo
l prima
m Primo
n prime
o primi
p Primo

## Übung 86

a cambiare mille euro
b cambiata la marmitta
c cambiare a Caserta
d è cambiato
e Cambia marcia
f hanno cambiato casa
g cambiare canale
h mi cambio
i ho cambiato parrucchiere
j Cambiamo / Cambiate argomento
k Ho cambiato idea
l ho cambiato posto

cambiare casa = umziehen; cambiare argomento = Thema wechseln; cambiare posto = umstellen, umräumen; cambiare canale = umschalten (Radio u. ä.); cambiare marcia = (um)schalten (Auto u. ä.); cambiare idea = die Meinung ändern

## Übung 87

a-3-Faccio; b-1-ha fatto; c-9-Fammi; d-12-lasci; e-6-faccio / lascio; f-10-mi fai; g-8-hai lasciato; h-14-hai fatto; i-5-lascia; j-11-faccia; k-13-falle; l-2-faccia; m-4-Fammi; n-7-Hai fatto

## Übung 88

a abbiamo trovato
b ricevi
c riceve
d le stia venendo
e ho avuto
f desidera
g ricevesse
h ha ricevuto
i si è presa
j abbiamo ottenuto
k ho ottenuto
l è stato ricevuto

venire la febbre = Fieber bekommen;
trovare posto = Platz bekommen;
prendere un raffredore = Schnupfen bekommen;
ricevere in omaggio = geschenkt bekommen

## Übung 89

mettere un annuncio – annoncieren; carta da parati – Tapete; borsa di studio – Stipendium; senso dell'umorismo – Humor; anatra – Ente; appunto – Notiz; cassaforte – Tresor; dottorato (di ricerca) – Promotion; per così dire, come – quasi; strano, bizzarro – kurios; affrancatura – Porto; bisturi – Skalpell; toga – Robe; Einrichtung, Anstalt – ente; Gehalt – stipendio, Hafen – porto; Laune – umore; neugierig – curioso; Nachricht – notizia; Meißel – scalpello; fast, beinahe – quasi; Teppich – tappeto; Sachen, Zeug – roba; Schatz – tesoro; Beförderung – promozione; benachrichtigen – annunciare

## Übung 90

mi chiamo, mi dica, ho inviato, ho trovato, risposta, ragione, inviare, ricevere, prenotare, dal, per sette notti, standard, viene, è compresa, la mezza pensione, mandare un fax, la conferma, La ringrazio

## Übung 91

lo scolapasta – das Nudelsieb – gli scolapasta
il pescecane – der Haifisch – i pescicani / pescecani
il salvagente – der Rettungsring – i salvagente / salvagenti
il capoclasse – der Klassensprecher – i capiclasse
la lavastoviglie – der Geschirrspüler – le lavastoviglie
l'apribottiglie – der Flaschenöffner – gli apribottiglie
il grattacielo – der Wolkenkratzer – i grattacieli
il senzatetto – der Obdachlose – i senzatetto
il portabagagli – der Gepäckträger – i portabagagli
l'attaccapanni – der Kleiderständer – gli attaccapanni
il posacenere – der Aschenbecher – i posacenere
la ferrovia – die Eisenbahn – le ferrovie
il buttafuori – der Rausschmeißer – i buttafuori
l'altoparlante – der Lautsprecher – gli altoparlanti
il sottobottiglia – der Flaschenuntersetzer – i sottobottiglia
il capolinea – die Endstation – i capolinea / capilinea
il tostapane – der Toaster – i tostapane
il lungomare – die Strandpromenade – i lungomari
il telecomando – die Fernbedienung – i telecomandi
l'aspirapolvere – der Staubsauger – gli aspirapolvere
il portachiavi – der Schlüsselring – i portachiavi

## Übung 92

a maggior
b maggiore / più grande, minore / più piccola
c peggiore
d più piccola
e anteriore
f superiore
g più cattivo
h più grande
i più basso
j posteriori
k inferiore / più basso
l più alto
m superiori
n minori

## Übung 93

a ci
b ne
c Ce
d —, c'
e ci
f ne
g ne
h —
i ci
j —, ci
k ne
l ce
m —, ne
n —
o ne
p ci

## Übung 94

**Mögliche Übersetzung:**

a La cosa migliore è sedersi davanti. / La cosa migliore è se mi siedo davanti.
b Qui stai / sei / ti trovi nel punto più alto.
c La cosa più rapida / veloce è cucinare una zuppa. / La cosa più rapida / veloce è se cuciniamo una zuppa.
d Questo è il CD che si vende di più / più di tutti.
e Come faccio a imparare / studiare nel modo migliore? / Qual è il modo migliore per imparare / studiare?
f Alla premiazione Tina era quella vestita peggio (di tutti).
g Qual è, per le famiglie, il posto migliore dove vivere?
h I testi musicali più belli, per te, in quale lingua sono?
i Fare windsurf è la cosa più difficile secondo me. / Trovo che il windsurf sia lo sport più difficile (di tutti).
j Credo che il motivo più frequente di discussione fra i genitori sia l'educazione dei figli. / Credo che i genitori litighino più spesso per l'educazione dei figli.
k Qual è il quartiere più bello (di tutti)?
l La Germania è fra i paesi più sviluppati del mondo.
m Quali sono le professioni pagate peggio (di tutte)?
n Qual è lo strumento musicale più difficile da imparare?
o La nostra città è la più grande (di tutte).
p Da uno studio è risultato che le casalinghe (sono quelle / le persone che) dormono peggio (di tutti). / Da uno studio è risultato che sono le casalinghe a dormire peggio (di tutti).

## Übung 95

a salire, scendere
b accendere
c spegnessi / diminuissi
d aprite
e sono salito, sono sceso
f è aumentato / salito
g accendiamo
h spegne
i aprire
j sono diminuiti
k hanno acceso
l aprono, chiudono
m ha aumentato
n spegnere
o ho diminuito
p sono aumentata
q diminuendo
r apri

## Übung 96

a verrà, sarà
b veniva
c va, deve essere
d è stata
e sono stati
f fossi stato
g viene, è
h sia stato
i andrebbe
j fossero stati

# L

## Übung 97

a-7-danno; b-hai dato-9; c-12-ha dato; d-5-dai; e-dare-10; f-dai-2; g-11-date; h-dare-1; i-Hai dato-3; j-danno-8; k-4-si danno; l-date-6

darsi del tu = (sich) duzen; darsi del lei = (sich) siezen; dare su = gehen auf; dare nell'occhio = ins Auge fallen; dare torto = Unrecht geben; darla vinta = nachgeben; dare uno sguardo = einen Blick werfen; dare ascolto = Gehör schenken; dare la mano = die Hand reichen; dare una mano = zur Hand gehen; dare da mangiare = füttern; dare un esame = eine Prüfung ablegen

## Übung 98

a dormire di più
b mangiato tutto
c Bevi
d non l'ho sentito
e non mi è chiara
f visto
g giocato tutti
h recuperare
i continuare a lavorare
j fare una specializzazione
k copiato
l affrontare
m hai / porti
n separati
o occupare
p Conosce
q viene a prendere
r passate tante
s imporre
t rincorrere
u stabilito

## Übung 99

| | | | | | | | | 1 P | E | 2 L | L | E | | 3 M |
|---|---|---|---|---|---|---|---|---|---|---|---|---|---|---|
| | 4 P | | 5 F | A | V | A | | E | | I | | | | A |
| | I | | U | | | | | L | | N | | | | N |
| | E | | 6 O | C | 7 C | H | I | O | | 8 G | I | O | C | O |
| | T | | C | | U | | | | | U | | | | |
| | R | | H | | O | | | | | A | | | | |
| 9 M | A | N | I | | R | | | | | | | | | |
| | | | | 10 P | E | L | I | | | | | | | |

metterci una pietra sopra = Schwamm drüber; nel cuore della notte = mitten in der Nacht; cercare il pelo nell'uovo = ein Haar in der Suppe suchen; fare buon viso a cattivo gioco = gute Miene zum bösen Spiel machen; in un batter d'occhio = im Nu; avere le mani bucate = verschwenderisch sein; non avere peli sulla lingua = kein Blatt vor den Mund nehmen; prendere due piccioni con una fava = zwei Fliegen mit einer Klappe schlagen; avere la pelle d'oca = Gänsehaut haben; avere qualcosa sulla punta della lingua = etw. auf der Zunge liegen haben; metterci la mano sul fuoco = die Hand ins Feuer legen; essere tra due fuochi = zwischen zwei Stühlen sitzen

## Übung 100

vetrina, cotone, i camerini, i capi, invernali, gamba, portare, bassa, vuole, Provo, Le sta, larga, accorciare, ritirarla, maniche, cambiarla

## Übung 101

**-ino/a**: appartamentino, bellino, bruttino, cucchiaino, freddino, manina, uccellino
**-(i)cino**: bastoncino, libricino
**-olino/a**: gocciolina, tavolino, topolino
**-etto/a**: bacetto, isoletta, poveretto
**-(ic)ello**: alberello, asinello, cattivello, orticello, ponticello
**-uccio**: avvocatuccio, femminuccia, impiegatuccio
**-otto**: leprotto
**-acchiotto**: orsacchiotto

**Nicht verkleinerte Wörter**: bambino = Kind; brevetto = Patent; cappotto = Mantel; sgabello = Hocker; passerella = Laufsteg; pattino = Rollschuh

**Abwertende Bedeutung**: avvocatuccio, impiegatuccio, (manchmal) femminuccia

## Übung 102

a più vicina
b prossima
c prossimo
d seguente / dopo / successivo
e prossima
f più breve
g seguente / dopo / successivo
h prossimo
i più vicino
j seguente / dopo / successivo
k prossimo
l seguente / dopo / successivo
m prossimi
n prossima

## Übung 103

a è
b Sì, da
c dà
d e
e Ci, Ve la
f né, né
g Ne
h la, si
i fa
j lì / là
k La, fa, la
l ce
m Le, le
n ci
o li
p vi
q Lì / Là
r ne

## Übung 104

a-Quando-8; b-Se-7; c-quando-1; d-Quando-9; e-se-2; f-quando-4; g-3-quando; h-Quando-10; i-6- Se; j-Se-5

## Übung 105

a —
b di
c —
d a
e di
f ai
g dal
h —
i a
j a
k alla
l dal
m —
n alla
o del
p di
q di
r all'
s —
t al

## Übung 106

a La scorsa settimana hanno finito la ristrutturazione del duomo.
b Purtroppo non ho ancora finito di leggere il libro.
c Le uova sono finite. Potresti comprarne / Ne potresti comprare alcune / qualcuna, per piacere?
d L'inverno finirà presto.
e Il mio terreno finisce alla cava.
f Il Po finisce nel mare Adriatico.
g Sai dove è finito il mio zaino?
h Mi sono addormentato/a! Com'è finito il film?
i Non possono continuare. La strada finisce qui / qua.
j Marco deve finire di scrivere l'e-mail.
k Ha finito di piovere.
l Abbiamo finito tutti i soldi nel giro di pochi giorni.
m Posso togliere il bicchiere? – No, devo ancora finire di bere.
n I bambini devono finire di mangiare.
o Ho finito! Andiamo a mangiare qualcosa!
p A che ora è finito il corso? – Alle sette.
q Dobbiamo ancora finire di pagare le ultime rate dell'auto / della macchina.
r Finirò quaranta anni in / ad agosto.

## Übung 107

a interpellare
b informarsi
c domandò / chiese
d interrogato
e domanda / chiede
f intervistarlo
g supplicò
h ho domandato / ho chiesto
i interrogò
j pregare
k prego
l chiese
m ha chiesto
n interrogarono

## Übung 108

a-6-stavano giocando; b-11-prendendo; c-5-scendendo; d-9-Stiamo lavorando; e-8-cucendo; f-3-Dormendo; g-10-avendo ..., mangiato; h-2-Partendo; i-4-stia dormendo; j-7-Avendo avuto; k-12-Essendo arrivati; l-1-sentendomi / stando

## Übung 109

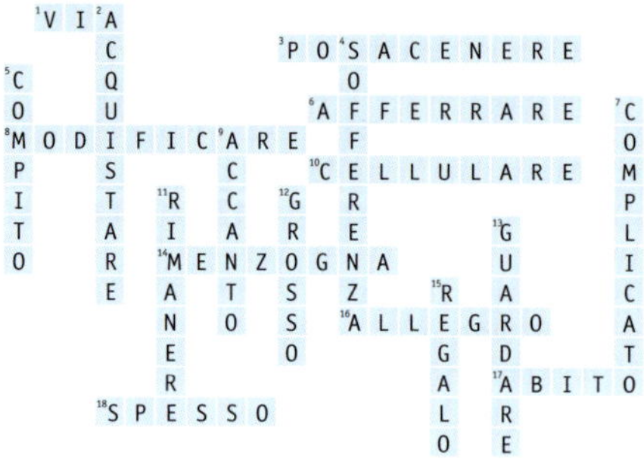


## Übung 110

malvivente, imprenditore, avvenuto, sera, festeggiare, alcuni, di, per, giovane, con, quando, ha cominciato, insospettitosi, un'ombra, forzati, tentativo, la polizia, agenti, traccia, a, interrompendo, a conoscenza

## Übung 111

a braccia
b stridi / strida
c delle dita
d membri
e delle membra
f le labbra
g i ginocchi / le ginocchia
h bracci
i i labbri
j lenzuoli
k mura
l i diti
m le lenzuola
n I muri

## Übung 112

a Signori miei
b in suo aiuto
c a tuo rischio e pericolo
d in vita sua
e di testa tua
f in suo favore
g A mio avviso
h in sua assenza
i Figlio mio
j a Sua disposizione
k di nostra competenza
l Mamma mia
m Per colpa tua
n a casa tua

## Übung 113

a-7-dopo; b-dopo-10; c-dopo-1; d-9-dopo di; e-12-dopo; f-11-dopo; g-Dopo che-2; h-Dopo-5; i-Dopo-3; j-dopo di-8; k-6-dopo; l-Dopo che-4;
**übermorgen** = dopodomani

## Übung 114

a a memoria / auswendig
b inoltre / außerdem
c quasi / fast
d Senza dubbio / zweifelsohne
e in un batter d'occhio / im Nu
f proprio / echt
g di corsa / schnell, rasch
h altrettanto / ebenfalls
i all'improvviso / plötzlich
j dappertutto / überall
k Sul serio / im Ernst
l in realtà / eigentlich
m affatto / gar nicht
n Appunto / eben

## Übung 115

a vedere
b Guarda
c vediamo
d vedere
e vediamo / (guardiamo)
f hanno guardato
g vedere
h guarda
i Guardiamo
j vedono
k vedere
l vediamo
m vedere
n guardando
o vede
p vedendo / guardando
q guarda
r guarda
s guardando
t ho visto

scheel ansehen = guardare storto; jemanden nicht leiden können = non poter(e) vedere qualcuno; es kaum erwarten können = non vedere l'ora

## Übung 116

a ascoltare
b ho sentito
c sente
d ascoltiamo
e hai sentito
f ascolta
g Sento
h Ho sentito
i ascoltavano
j sentiva
k Ho sentito
l ascoltando
m sentono
n ascoltavamo
o sento
p Senta
q sente
r senti

## Übung 117

a-5; b-9; c-12; d-10; e-1; f-13; g-11; h-4; i-6; j-3, k-2, l-14; m-7; n-8

dai = los, komm'; figurati = ich bitte dich / ach was; accidenti = verflixt, Donnerwetter; farlo apposta = es absichtlich machen; per carità = um Gottes Willen; caspita = Donnerwetter; anzi = im Gegenteil, noch besser; per forza = na klar / natürlich; addirittura = wirklich / sogar; fare complimenti = Umstände machen; mi raccomando = ich bitte dich / Sie / euch sehr

## Übung 118

Chiodo schiaccia chiodo = Ein Keil treibt den anderen.
A caval donato non si guarda in bocca. = Einem geschenkten Gaul schaut man nicht ins Maul.
Lontano dagli occhi, lontano dal cuore. = Aus den Augen, aus dem Sinn.
Chi fa da sé fa per tre. = Selbst ist der Mann.
Il lupo perde il pelo ma non il vizio. = Die Katze lässt das Mausen nicht.
Il mondo è bello perché è vario. = Die Welt ist schön, weil sie bunt ist.
Chi tace acconsente. = Wer schweigt, gibt Recht.
Non c'è due senza tre. = Aller guten Dinge sind drei.
Can che abbaia non morde. = Hunde, die bellen, beißen nicht.
L'occasione fa l'uomo ladro. = Gelegenheit macht Diebe.
Sbagliando s'impara. = Aus Schaden wird man klug.
Tra i due litiganti il terzo gode. = Wenn zwei sich streiten, freut sich der Dritte.
Chi si contenta gode. = Der Zufriedene hat immer genug.
Chi dorme non piglia pesci. = Ein schlafender Fuchs fängt kein Huhn.

## Übung 119

| | | | | | | | | | | | | | | | | | | | |
|---|---|---|---|---|---|---|---|---|---|---|---|---|---|---|---|---|---|---|---|
| | D | | | | | | | | | | T | | | | | | | | |
| | I | | | | | | | | | M | E | D | I | C | O | | | | |
| | P | | | | | | | | | | L | | | | | | | | |
| | I | M | M | E | D | I | A | T | A | M | E | N | T | E | | | | | |
| | N | | | | | | | | | | F | | | | | | | | |
| | T | | | | | | C | | | H | O | T | E | L | | | A | | |
| C | O | R | R | E | T | T | O | | G | | N | | | | | | F | | |
| | | | | | | | N | | E | | A | | | | | | F | | |
| | S | | | | | | T | E | N | E | R | O | | | | | R | | |
| | U | | | | | | E | | E | | E | | | P | A | R | E | T | E |
| | G | | | | | | N | | R | | | | | I | | | T | | |
| | O | R | T | A | G | G | I | | A | | | | | E | | | T | | |
| | | | | | | | T | | L | | | | | T | | | A | | |
| | | M | O | T | I | V | O | | M | A | N | I | E | R | A | | R | | |
| | | | | | | | R | | E | | | | | A | | | S | | |
| M | A | G | L | I | O | N | E | | N | | | | | | | | I | | |
| | | | | | | | | | T | | | | | | | | | | |
| | | | | | D | I | S | T | E | N | D | E | R | S | I | | | | |

## Übung 120

a, amante, marinaio, movimenti, libertà, segreta, di, dove, degli, partecipò, Nel, fu costretto, perse, ritornò, guerra, natale, organizzò, per, con, da, incontro, popolare, terza, ottenendo, si ritirò, morì

## Übung 121

a giornataccia
b figuraccia
c tempaccio
d paroloni
e Bacioni
f fettona
g caratteraccio
h parolaccia
i pigrone
j dolciastro
k furbacchione
l librone
m lacrimoni
n occhioni

**Die Nachsilben sind:** -one, -acchione, -accia, -ona, -astro, -accio

# L

## Übung 122

c una *povera* donna
d due *cari* ragazzi
f un *vecchio* amico
g una famiglia *numerosa*
i un albergo *caro*
k un film *unico*
l una ricetta *semplice*
m con *certi* colleghi
o una donna *sola*
q *numerose* persone

povero = bedauernswert, arm; vecchio = langjährig, alt; caro = lieb, teuer; solo = einzig, einsam; certo = gewiss, einig, sicher; numeroso = groß, zahlreich; unico = einzig, einzigartig; semplice = nur, einfach; diverso = verschieden, unterschiedlich

## Übung 123

a-prima-3; b-prima di-13; c-prima delle-12; d-1-prima che; e-14-prima; f-prima del-2; g-4-prima che; h-Prima di-5; i-9-prima che; j-prima-6; k-prima-11; l-8-prima di; m-7-prima di; n-prima che-10

## Übung 124

a a
b a
c alla, A proposito della
d In, da
e in mezzo a
f Al, di, da
g A
h In occasione del, a
i in, a causa dello, dei
j In seguito alla, negli
k in
l allo, a
m di
n da, da
o in cambio della
p da, di, di, di, da
q in base a
r in cima a

## Übung 125

b cambiare / (aus)wechseln
c mi sentissi / sich fühlen
d chiameremmo / nennen
e sento / hören
f ti saresti perso/a / sich verlaufen/-fahren
g alzi / heben
h si agita / sich aufregen
i ci siamo svegliati / aufwachen
j svegliate / wecken
k sbrigati / sich beeilen
l si chiama / heißen
m si alzavano / aufstehen
n sbrigare / erledigen
o cambiati / sich umziehen
p agita / schütteln

## Übung 126

a unire le dita verso l'alto e far oscillare il polso in direzione della spalla → Ma che dici? / Ma che vuoi?
b tenere la mano sinistra di traverso muovendola dal basso verso l'alto e colpirla con la mano destra → Vattene!
c aprire e chiudere le dita della mano verso l'alto → Riassumi!
d stringere le spalle sollevandole verso l'alto → Boh! / Non lo so!
e portare le dita della mano unite sotto il mento e poi muoverle in avanti → Non mi importa!
f sfregare le punte dell'indice e del medio contro il pollice → Quanto costa?
g mettere la mano di taglio in mezzo ai denti → Che rabbia!
h portare l'indice teso davanti alle labbra → Silenzio!
i incrociare il medio e l'indice → Buona fortuna!
j unire i due indici tesi → Quei due se la intendono!

k far toccare le punte dei due indici tesi → Quei due non vanno d'accordo!
l fare le forbici con le dita → Dacci un taglio!
m martellare l'indice sulla tempia → Sei / È pazzo!
n portare l'indice teso al centro della guancia e girarlo → Buono!

## Übung 127

a che fine hai fatto
b Neanche per sogno
c Senti chi parla
d Insomma
e Che c'è
f Quasi quasi
g Meno male
h Insomma
i Ci mancherebbe altro
j c'è mancato poco che
k Macché
l magari

Magari! = Schön wär's! / Neanche per sogno! = Nicht im Traum! / Meno male! = Gott sei Dank / C'è mancato poco che ... = Es fehlte nicht viel ... / Senti chi parla! = Hört, hört! / Ci mancherebbe altro! = Das wäre ja noch schöner! / Che c'è? = Was ist? / Macché! = Ach was! / quasi quasi = am liebsten, am besten / Insomma! = Also, bitte!, So lala! / Che fine hai fatto? = Was ist aus dir geworden?

## Übung 128

a Tra il dire e il fare c'è di mezzo il mare.
b Gallina vecchia fa buon brodo.
c Chi trova un amico trova un tesoro.
d Fidarsi è bene, non fidarsi è meglio.
e Tentar non nuoce.
f Le bugie hanno le gambe corte.
g Molto fumo e poco arrosto.
h Tra moglie e marito non mettere il dito.
i Tanto va la gatta al lardo che ci lascia lo zampino.
j Tutto il mondo è paese.
k L'abito non fa il monaco.
l Chi lascia la via vecchia per la nuova sa quel che lascia ma non sa quel che trova.
m Ambasciator non porta pena.
n Fatta la legge trovato l'inganno.

a-2; i-3; n-4; b-5; f-6; h-7; c-8; j-9; e-10; k-11; d-12; l-13; m-14

## Übung 129

| | | | | | | | | | | | | | | | | |
|---|---|---|---|---|---|---|---|---|---|---|---|---|---|---|---|---|
| | | [1]F | A | [2]M | E | | | | | | | | | | | |
| | | | | E | | | | | | | | | | | | |
| | [3]S | T | O | M | A | C | [4]O | | | | [5]A | | | | | |
| | | | | O | | | R | | | | Z | | | | | |
| | [6]M | | | R | | [7]B | E | V | E | | Z | | | | | [8]T |
| [9]P | A | N | N | I | | | C | | | [10]F | U | L | M | I | N | E |
| | G | | | A | | | C | | | | R | | | | | S |
| | R | | | | | | H | | | | R | | | | | T |
| [11]B | O | C | C | A | | [12]G | I | O | R | N | O | | | | | A |

avere una fame da lupi = einen Bärenhunger haben; tutto il santo giorno = den lieben langen Tag lang; il principe azzurro = der Märchenprinz; far venire l'acquolina in bocca = jdm. den Mund wässrig machen; un fulmine a ciel sereno = ein Blitz aus heiterem Himmel; vuoto di memoria = Gedächtnislücke; stare sullo stomaco = nicht riechen können; bere come una spugna = saufen wie ein Loch; essere tutt'orecchi = ganz Ohr sein; mettersi nei panni di qualcuno = sich in die Lage von jdm. versetzen; far perdere la testa a qualcuno = jdm. den Kopf verdrehen; essere magro come un'acciuga = ein Strich in der Landschaft sein

## Übung 130

Spett.le, ordine, piattini, è avvenuta, esattamente, sembrasse, mancavano, imballata, danneggiati, pagamento, pertanto, nonché, che, merce

# R

Die Zahlen beziehen sich auf die durchnummerierten Übungen.

## D



## E



## F



## G



## H

# R

R